培根随笔

—— （英）培根 著 / 秋泉 译 ——

Bacon's Essays

中国华侨出版社

图书在版编目（CIP）数据

培根随笔／（英）培根著；秋泉译. —北京：中国华侨出版社，2016.4

ISBN 978-7-5113-5656-7

Ⅰ.①培…　Ⅱ.①培…　②秋…　Ⅲ.①随笔—作品集—英国—中世纪　Ⅳ.①I561.63

中国版本图书馆 CIP 数据核字（2016）第 060306 号

培根随笔

著　　者／（英）培根

译　　者／秋　泉

策划编辑／周耿茜

责任编辑／叶　子

责任校对／王京燕

封面设计／胡椒设计

经　　销／新华书店

开　　本／880 毫米×1230 毫米　1/32　印张/8.5　字数/133 千字

印　　刷／北京毅峰迅捷印刷有限公司

版　　次／2016 年 6 月第 1 版　2016 年 6 月第 1 次印刷

书　　号／ISBN 978-7-5113-5656-7

定　　价／29.80 元

中国华侨出版社　北京市朝阳区静安里 26 号通成达大厦 3 层　邮编：100028

法律顾问：陈鹰律师事务所

编辑部：（010）64443056　64443979

发行部：（010）64443051　传真：（010）64439708

网　址：www.oveaschin.com

E - mail：oveaschin@sina.com

前言

弗朗西斯·培根，英国著名的哲学家与科学家，"知识就是力量"是他的名言。作为近代实验科学的开创者之一，他被视为哲学史与科学史上划时代的人物。

培根在很多方面都有著述，而《培根随笔》是他最受广大读者欢迎的著作，F. 房龙曾这样评价这部作品："弗朗西斯·培根的随笔给我们提供了一种尘世中的智慧，它让我们变得充满理性并世事洞明。"足见这部著作的影响力及意义所在。随笔中不仅包括培根对政治相关问题的论述与见解，还包括他关于人生与生活中的感悟与精妙的理解。因此，不管是从学习如何思考和论述问题的角度，还是从汲取生活智慧和寻找共鸣的角度，这都是一部非常值得你拥有并且细细咀嚼的书籍。在繁忙的城市生活中，茶余饭后，拿起这本书，你可以暂时给心灵找一个休憩的地方。

在翻译的过程中，译者在原文的基础上，借鉴了很多已有的中文译本，并根据当今语言的习惯以及结合自己对原著的理解，试图向读者展现一个更易理解、更加真实、更加丰富的培根。鉴于能力有限，以及时间上的一些限制，不免会有一些疏漏之处，望读者海涵以及批评指正。但愿，我们都在这本书中认识一个不一样的培根，实现一种不一样的成长。

目录 | Contents

第一部分　培根论哲学

第二部分　培根论人性

第三部分　培根论生活

第四部分　培根论政治

第一部分

培根论哲学

论真理——"真理"具有任何事物
都无法阻挡的穿透性

彼拉多曾笑着问大家:"真理是什么呢?"其实,他并不指望得到确切的答案。世上总有一些人喜欢时常改变自己的想法,并且认为固定了一种信仰即等于上了一套枷锁。不管是在思想上,还是在行为上,他们都要求贯彻他们自由的意志。虽然持这种想法的哲学家大都生活在过去,然而现在仍有些心志不坚定的人继承了他们的想法——尽管这些人没有他们的前辈们那样的骨气。但是,为什么人们要去坚持那些伪真理？不仅是因为寻找真理的路上充满艰难困苦，或者是因为寻到了真理之后，真理所加于人们的思想的约束，还因为对伪真理的爱好是人天生的一种爱好，尽管这不是很美好，但是我们不得不承认它的存在。希腊晚期哲学学派中有人曾研究过这个问题，他不懂得伪真理之中有什么东西会使人们因为伪真理的本身而爱它，因为伪真理既不能如诗人的作品，引人入胜，也不能如商人之所为，导人得利。我也不懂得这是什么缘故：但是"真理"具有任何事物都无法阻挡的可以穿透一切的光芒，世间的那些歌剧、扮演、庆典与之相比，远不如灯烛之光所显露的庄严美丽。

真理在世人眼中的价值也许等于一颗珍珠，在日光之下看起来最好。但是它肯定赶不上那些在各种不同的光线下显得最美的钻石和红玉的价值。掺上一点伪真理的道理总是给人增添乐趣的。要是从人们的心中去掉了虚妄的自以为是、自谀的希望、错误的评价、武断的想象，就会使许多人的心变成一种可怜的、缩小的东西，充满忧郁和疾病，自己看起来也心生厌恶。对于这一点会有人怀疑吗？早期的耶教著作家中有一位曾经很严厉地把诗叫作"魔鬼的酒"，因为诗能占据人的想象，然而，诗不过是伪真理的影子罢了。害人的不是那从心中经过的伪真理，而是那沉入心中并且盘踞在那儿的伪真理，如前所言者是也。真理教我们要研究真理，认识真理和相信真理，就像向真理求爱、求婚，与之共同享受人生一样，乃是人性中最高的美德。

在上帝创造宇宙时，他所创造的第一件东西就是感官的光明，他所创造的最后一件东西就是理智的光明，从那以后直到如今，在他工作完毕后休息的期间内，他的作为全是以他的圣灵昭示世人。首先，他在物或浑沌的面上吹送光明；接着，他向人的面上吹送光明；到现在，他还在往他的选民面目之中吐射光明。有一派哲学在别的方面都不如其他派别，可是有一位诗人为这派哲学增光不少。这位诗人曾说："站在岸上看船舶在海上簸荡是一件乐事；站在一座堡垒的窗前看下面的战争和它的种种经过是一件乐事；但是没有一件乐事能与站在真理的高峰上俯视下面谷中的漂泊、迷雾和风雨相比拟的，那是一座高出一切的山陵，那里的空气是澄清而宁静的。"只要看的人对这种风景心存恻隐而不要自满，那么，这位诗人的话算得上是说得很好了。当然，一个人的心如果能以仁爱为动机，以天意为归宿，并且以真理为地轴而转动，那这个人的生活可真是地上的天堂了。

　　从教义的真理和哲学的真理再说到世事的真理。即使那些行为上并不坦白正直地待人的人，也不得不承认坦白正直地待人是人性中的闪光点，而真假相互掺和在一起，则有如金银币中杂以合金一样，也许可以使金银用起来更方便一点，但是却把它们的品质降低了。因为这些曲曲折折的行为可以说是蛇走路的方法，蛇是不用脚而是很卑贱地用肚子走路的。没有任何一件不遵守道德的事情能和被人发现是虚伪欺诈一般让人觉得羞耻的。为什么说人说谎算是一种羞辱和一个罪大恶极的行为？蒙泰涅在他的研究中给出了理由，他说："仔细考虑起来，某人说谎时意味着他对上帝很大胆，对世人很怯懦。"因为谎言是直对着上帝而躲避着世人的。曾经有个预言这样说：基督再次降临世间的时候，他将不会在地上找到信实；所以谎言被当作是请上帝来裁判人类全体的最后的钟声。看了这个预言的人，对于虚假和背信的罪恶应该会有一个深刻的认识。

论死亡——与死亡俱来的一切，
比死亡更骇人

　　成人惧怕死亡就像儿童害怕待在暗处一样。儿童天然的恐惧因故事而增加，成人对于死的恐惧也是一样。当然，静观死亡，把它当作罪孽的代价以及通往另一世界的去路的人，是虔诚而且合乎宗教教义的；但是恐惧死亡，把它当作我们对自然应尽的贡献，则是愚弱的。然而，在宗教的沉思中有时也掺杂着虚妄和迷信。在苦行僧的自戒书中，你可以看到这样一种说法：一个人应当自己思考，假如他有一根手指的末端被压或被行刑，其痛苦是怎样的；由此，再想象使人全身腐败溃烂的死亡其痛苦应当是怎样的。其实有许多种死亡的方式比一肢受刑的痛苦还要轻，因为人体最生死攸关的器官并不是最敏于感受的器官。

有一位古代的哲学家曾经说过："与死亡俱来的一切，比死亡更骇人。"呻吟与痉挛，变色的面目，朋友的哭泣，丧服和葬礼，所有一切都显得比死亡更可怕。然而，人的心灵并不是脆弱到不能克服对死亡的恐惧的。既然一个人可以召唤很多伙伴来帮助他打败死亡，可见，死亡并没有想象中那么可怕。

复仇让人胜过死亡；爱恋让人蔑视死亡；荣誉让人希冀死亡；忧伤让人奔赴死亡；恐怖让人死于死亡之前。除此之外，我们在书中还读到奥陶大帝自杀之后，他的臣民们出于对他的忠诚和同情而陪伴他一起面对死亡。此外，塞内加还补充了一种不会惧怕死亡的原因：苛求和厌倦。他说："试想，你长时间地从事一件事情，不只勇敢的人和伤心的人会想去死，那些容易厌倦的人也会想到死亡。"一个人虽然既不勇敢，也不潦倒，然而因为厌倦一直从事同一件事情，也会想寻死的。

死亡是无法征服那些伟大灵魂的，因为这些伟人即使到了最后的一刻，依然保留着自己的本色。奥古斯塔斯大帝死时还在赞颂他的皇后："永别了，里维亚，请你终身不要忘记我们婚后生活的时光。"提比留斯大帝根本不会在乎死亡，正如史家泰西塔斯所说的："提比留斯大帝的体力日渐衰退，但他依然相当聪慧。"菲斯帕斯到临死时还在说笑话，他坐在一张凳子上说："我想我正在变成神呢。"加尔巴临死时，说："砍吧！假如这是有益于罗马人民的。"一边说着一边伸出脖子就死。塞普谛米犹斯·塞外拉斯死得爽快。他说："假如还有什么我应该做的事，快点来吧。"而那些斯多葛学派的哲学家把死的价值抬得太高了，并且，因为他们为死亡做的准备过于隆重，所以使死亡在人看起来更可怕。

死和生都是自然而然的。也许对一个婴儿来说，生与死一样痛苦。在热烈的追求中死亡的人犹如在热血沸腾时受伤的人一样，是不会感觉到痛苦的，所以一颗坚定的、一心向善的心是感觉不到死亡的可怕的。但是，更重要的是，请你相信，世间还有最甜美的歌，还有当一个人获得了有益的结果时所说的那样："万能的主，您可以释放您的仆人安然离去了。"死亡还有这一点：它打开名誉之门，熄灭妒忌之心。正如有句话所说的那样："生时受人妒羡的人，死后将受人爱。"

论厄运——厄运带来的东西有时
也是值得称赞的

"虽然人们总是希望得到顺境的好处，但是厄运带来的东西有时也是值得称赞的。"这是塞涅卡的高论。如果奇迹的意思是"超越自然"，那么毫无疑问，奇迹大多在厄运中产生。塞氏还有一句比这句更加经典的话，作为一个异教徒能够说出这句话已经是很了不起了，原话是这样的："一个人有凡人的脆弱而又有神仙的自在无忧，那就是真正的伟大。"这句如诗歌一样美妙的话有着非常深远的意味。诗人们也真的常说这句话，因为这句话是古诗人常述的那个奇谈中所表现的——而这个奇谈又是非常有深意的。说实话，它所描写的还真有点接近基督徒的情形——那就是当赫扣力斯去解放普罗密修斯的时候（普罗密修斯是象征人性的），他坐在一个瓦盆或瓦罐里渡过大海。基督徒以血肉之躯的轻舟渡过世间的波涛的决心，这故事很生动地描写出来了。但是用平凡的话来说，幸运所生的德行是节制，厄运所生的德行是坚忍，在伦理上讲起来，后者是更为伟大的一种德行。

幸运是《旧约》中的福祉；厄运是《新约》中的福祉，而厄运所带来的福祉更大，更能体现上帝的恩惠。然而，即使是在《旧约》之中，如谛听大卫的琴音，就一定可以听见与欢颂一般多的哀歌，并且圣灵的画笔在形容约伯的苦难上比在形容所罗门的幸福上致力得多了。幸运并非没有许多的恐惧与烦恼；厄运也并非没有许多的安慰与希望。在针工与刺绣中，我们常见，若在一片阴沉的底子上安排一种漂亮的花样，比在一片浅色的底子上安排一种暗郁的花样要悦目得多。从这眼中的乐趣上推断心中的乐趣。不可否认，美德就像名贵的香料，经过燃烧或压榨，香味才能更加浓烈，这就是所谓的幸运最能够显示邪恶而厄运却能够彰显美德。

论幸运——幸运之道有如空中的天河

外在的因素有时可能对人的发展产生影响——如外表、机会，他人的死亡与施展才能的机会之间的偶合——这是不可否认的。但是，人的命运主要还是掌握在自己手里。所以诗人说："人人都可以是自己命运的建筑师。"最常见的幸运：利用他人出错的机会而取得成功。"蛇不吃蛇，就不能变龙"。显而易见的才德固然令人称道，但是有些隐性的才能却能招来幸运，或者说这些隐性的才能才是自我表现的最佳方式。

一个人的天性中没有什么障碍或乖戾，而他的精神的轮子随着幸运的轮子同时转动的时候，这就是"潜能"的意思了。里维在用下列的言辞来描述大加图："这个人的体力与精神都是如此的强大，无论他生在什么样的家庭，他大概也会替自己赢得很好的境遇。"还注意到一点，就是他有"多种的才能"。因此，一个人如果锐意并留神地观察，他一定会看见"幸运"的，因为他虽然是盲目的，可不是隐形的。

幸运之道有如空中的天河。天河是一群小星的聚会或团结，他们并不是各自闪耀，而是一起放光的。同样，有许多小小的、为人所难见的美德，或者不如说是能力和习惯，它们会使一个人走运。这些美德之中有几种人所难以想到的，意大利人却注意到了。譬如，有一个做事总不会出错的人，那么意大利人在谈论起这个人的时候，他们一定要在其他的条件中加进一句，说他有"一点儿傻子气"。真的，有一点儿傻子气，而没有太多的老实气，再没有比这两种特性更为幸运的了。因此，极端爱国或爱主上的人向来是不幸的，而且也是不能够幸运的。因为一个人不为自己考虑的话，他走的就不是自己的道路了。突降的幸运会把人变成一个投机者或者活动家，但是经过磨炼的幸运才能把人锻造成人才。

我们崇敬幸运之神，至少是因为她的两个女儿，一位叫"自信"，一位叫"名誉"，因为这两个都是幸运所产生的，前者生于一个人自己的心中，后者生于他人的心中。古之贤者，不会向别人夸耀他的成功，而是把它归为命运的恩赐。再者，一个人如果受神灵的护佑，那也就可见他是一个伟人。所以恺撒对风涛中的船夫说："你所载的是恺撒和他的幸运。"所以苏拉自称时，不取"伟大的"，而称自己是"幸运的"。纵观历史，凡过于把幸运归功于自己的聪明和智谋的人多半的结局是不幸的。书上曾说，雅典人提摩西亚斯在他向国家报告他的政绩的时候，屡次中断他的报告而加入这样的一句评语："这绝非幸运的赏赐。"自此以后，他无论做什么事都没有得意过。世间确有些人，他们的运道与荷马的诗句一样流畅，这就如普卢塔克把提摩莱昂的运气与阿盖西劳斯和埃帕米农达斯的运气相较而论时所说的一样。这种情形之所以如此，的确多半是与一个人的性格相关的。

论预言——那些有凭有据而原因
又不明确的预言

此处所说的预言既不是神灵的启示，也不是异教的谶语，也不是天然的征兆，而仅仅是指那些有凭有据而原因又不明确的预言。女巫对扫罗说："明日你和你的孩子必会与我在一处。"荷马有如下的诗句："伊尼埃斯一族，他的子与孙，以及他子孙的子孙，将统治各处的海岸。"好像是关于罗马帝国的一个预言。悲剧作家塞内加有这么几句诗：

"后世将有一时，

海洋将解开天然的束缚，

有一片大陆将开放呈露，

蒂夫思将发现新的世界，

土勒将不再为地极之国。"

这好像是关于美洲之发现的一种预言。波利克拉特斯的女儿梦见久辟特替他父亲洗浴，阿波罗给他涂膏油，其后波利克拉特斯果于露天下被钉于十字架上，在那里，太阳使他遍体流汗，雨露洗刷他的身体。马其顿王菲利普梦见他把他妻子的肚子封了起来，醒后自己解释，以为他的妻子将不能生育。但是预言者阿利斯坦德却对他说他的妻子是怀孕了，因为人们是不会把空的容器封存起来的。曾在马喀斯·布鲁塔斯的帐中出现的一个鬼影对他说道："你在非力帕还要遇见我。"泰比瑞亚斯对加尔巴曾说："加尔巴，你也会尝着帝国的滋味的。"

在外斯帕显的时代，东方流传着一种预言，说是从久地亚出来的人君，将统治全世界。这个预言虽然也许是为救主耶稣而发的，泰西塔斯却以为是指外斯帕显的。道密先在被杀之前一夜，梦见从自己的颈项上长出了一颗金的头颅，果然，他的承继者造就了多年的黄金时代。英王亨利六世，当亨利七世还是个孩子，给他进水的时候，对人说："这孩子就是将来要享受我们现在所争的王冠的人。"从前，我在法国的时候曾从一位辟纳医生那里听来一个故事，他说法国的太后（她是很信法术的）曾把先王（她的丈夫）的生辰用了一个假名字，拿去叫人推算。那术士论断说，这人将于决斗中被杀。王后听了这句话大笑，认为是不会有人挑战她丈夫的。但是她的丈夫后来竟于马上比枪的游戏中被误杀，因为卫队长蒙哥马利所使用的矛头末端破裂，碎片误入国王的盔甲之内。

我在年幼的时候，正是伊丽莎白女王春秋鼎盛的时候，那时，我听过一个很普遍的预言，它说："麻织成线啦，英格兰就该走到尽头了。"

这个预言的意思大家多以为是这样的，把英国君主的名字的头一个字母排列起来，就成了"麻"（hempe）这个字，等到这几位君主（就是 Henry、Edward、Mary、Philip 和 Eliz-abeth）的朝廷完了之后，英国便要大乱。这种情形，感谢上帝的恩典，并没有实现，只应验在了国名的更改上，因为当今主上的尊号不再是英格兰王而是不列颠王了。在 1588 年以前，也有个预言，这个预言的意思我不是很明白。

"有一天人们将会看到，

在鲍奥岛与梅伊岛之间，

挪威的黑色舰队。

等这个去了之后，

英国啊，用石头和石灰筑房吧，

因为以后不会再有战争了。"

这个预言的意思大家都以为是指 1588 年来的西班牙大舰队的，因为据说西班牙王的姓乃是挪威。君王山人的预言：

"88 年，一个奇异的年头。"

人家也以为是验于西班牙舰队之出发，这个舰队，虽不能说是海上军舰数量最大的，却是力量最强的。至于克利昂的梦，我以为那只是个笑话。这个梦就是他被一条龙吞噬了，据人解释，那龙就是一个做腊肠的，那人曾经和克利昂捣过乱。像这样的事不止一件，假如你把梦兆和星命学的预言包括在内的话，其数目将更多。我只把几个有凭有据的举出来为例而已。

我的意思是，这些东西都没有必要过分重视，仅仅可以作为冬天火炉旁闲聊的话题。可是我说的不要重视的意思是它们不足以完全相信。但是，如果这种言论在社会上广泛散布，那当政者也不可置之不理。因为这一类的事情曾酿成过许多祸害，并且我看见各国曾立了许多严厉的法律来禁止它们。

人们之所以乐于传播这种预言，原因大概有三种。第一是人们只注意这种预言说中的时候而不注意它们没说中的时候，这和人们对于梦的态度是一样的。第二是大概的推测或模糊的古语常常会变为预言，而这些话通常给人们推测未来保留了很大的想象空间。塞内加的诗句就是如此。因为在当时已经显然可见地球在大西洋之西还有很大的地方，这些地方不一定是一片汪洋。在这种理论之上再加上柏拉图的《蒂迈亚斯》与《阿蒂阑蒂苦斯》两篇中的传说，就可以鼓励人，使人把这种说法改成一种预言了。第三种原因是可能所有这些预言，都是假话，是被无聊的人事后捏造出来的。

论美——一个外貌并不出众却有着
美好品德的人，会令人肃然起敬

美德像宝石，最好是用素净的东西镶嵌。同样的，一个外貌并不出众、衣着并不华丽，但却有着美好品德的人，也是会令人肃然起敬的。同时，外表很美的人们之中，很多在其他方面都表现平平。造物主似乎是吝啬的，他给了你一方面的优势就不会再给予其他。因此，那些美男子可能不是真正的男子汉，他们过于追求外在美，而忽略了内心的修养。但是也有例外，因为奥古斯塔斯大帝、泰塔斯·外斯帕显努

斯、法王"好看的"菲利普、英王爱德华四世、雅典人阿尔
西巴阿的斯、波斯王伊斯迈耳都是精神远大、志向崇高的
人，同时也是当代最美的男子。

　　说起美来，自然之美胜过服饰之美，而适宜并优雅的行
为之美又胜于仪容的美。最美的事物是画家的画笔所不能描
绘出来的，因为它不是人为的，而应该是一种奇妙的存在。
我们说不出阿派莱斯和阿伯特·杜勒究竟哪一位是更大的戏
谑者，他们两位之中，一位是要根据几何学上的比例来画
人，另一位要从好几个不同的脸面中采取其最好的部分以合
成一个最美丽的面孔。像这样画出来的人，我想只有绘画者
本人可以满意，其他人就未必了。并不是一个画家不应当画
出一张最美的面孔来，而是他应该以创造力来完成作品，而
不应该借助于一种公式。我们一定会看得见有些面孔，如果
你把它们分成一部分一部分地来观察，你是找不到一点好处
的，但是如果从整体去看，那些面孔就变得优雅而和谐了。

　　假如美的主要部分果真是在美的行为之中的话，那就无
怪乎有些上了年纪的人反而倍增其可爱了。"美人的秋天也
是美的"，年轻人做事认真得体，还要用青春的样貌来增加
他的可爱之处，否则是不会被大家看重的。美有如夏日的水

果，易于腐烂，难以持久。并且多半情况下，美使人有放荡
的青年时代、愧悔的老年时代。可是，假如美被发扬光大的
话，它会使美德更为光辉，使恶行相形见绌。

论财富——财富之于德行就像

辎重之于军队

对于财富我叫不出更好的名字来，只能把它叫作"德行的累赘"。因为财富之于德行就像辎重之于军队。辎重是不可或缺，也不可抛弃于后的，但是它阻碍行军，并且，有时候因为顾虑辎重而失去或扰乱胜利。巨大的财富并没有什么真实的用处，它只有一种用处，就是施众，除此之外，它便是多余的了。所以所罗门说："巨大的财富，会有许多人来消耗它，而它的主人除了能用眼睛看它以外，还有什么可以享受呢?"一个人的财富达到了某种限度之后,便为个人的享受所不能及,他可以储藏这种财富,也可以分配并赠送它,或者利用它而出名,但是于他本人,这些财富是没有实在的用处的。

可能有些人认为财富可以买通关节,使人免于危险或困难。如所罗门说的:"在富人的想象中,财富像一座坚固的城堡。"这话确实说得很透彻,那座坚固的城堡是在富人的心里,而未必是真实存在的。因为金钱在大多数情况下都是灾祸的根源,而只有在很少情况下,才能给人带来好运。不要追求炫耀的财富,仅寻求你可以用正当手段得来、庄重地使用、愉快地施与、安然地遗留的那种财富吧。然而,也不要像修道士那样对金钱不屑一顾,视金钱如粪土。只是要君子爱财,取之有道,如西塞罗说拉比瑞亚斯·波斯丢玛斯的那样:"他对财富的追求,不是为了满足自己贪婪的欲望,而是要得到一种行善的工具。"还应当听从所罗门之言,不可急于敛财致富,"欲急速致富者将不免于不义"。诗人们的寓言说,当财神普卢塔斯为朱庇特所派遣的时候,他步履蹒跚,行走迟缓;但是当阎罗普卢陶派遣他的时候,他就跑得很快。这个寓言的意思就是:用善良的方法和正当的工作得来的财富是来得很慢的，但是由别人的死亡而得来的财富（如遗产，承继等）则是骤然落在身上的。但是若把普卢陶当作魔鬼，这个寓言也用得上。因为当财富是从魔鬼那里得来的时候，他们是来得很快的。

致富的方法有很多，而其中大多数是卑劣的。吝啬是其中最好的一种，然而也不能算是纯洁无罪的，因为人们通常不愿意拿吝啬省下来的钱财去施舍救人。想办法增加土地的收获是最自然的致富的方法，因为这些产物是我们大家的母亲——大地——的赏赐，但是用这种方法发财是很慢的。然而，若是有钱的人肯屈就农牧矿产之事，那么，他的财富的急剧增长也是指日可待的。我从前认得一位英国的贵族，他的钱财是当时最多的。他是一位大草原主人、大牧场主人、大森林主人、大煤矿主人、大铅矿主人、大铁矿主人和许多其他产物的主人。因为这个，土地之于这位贵族犹如一片大海，因为它给他带来的进款是源源而来、永不枯竭的。

有人说，他发小财的时候很难，发大财的时候很容易，这话是有道理的，因为一个人如果已经富有到可以坐待市场好转，并且做成常人无钱办理的交易，又能与年轻人的事业合作的时候，他的财富是非大增不可的。

从普通的各种生意和职业得来的财富是诚实的，他们可以赚到钱的原因有两个：一是勤奋，二是诚信的好名誉。那用奸诈的手腕做成的生意其所获的利益却是比较可疑的：如乘人之急需而抬高价格，贿赂官员的仆役和亲信，用诡计排挤其他守规矩的商人，诸如此类，都是奸诈卑劣的手段。至于那些尽量压低价钱，购买贱货，而目的不是拿来自己消费，而是转手出售给他人的，是在榨取卖家与之后的消费者双方的利益。合股的生意，如果所托的人选择得当，是可以致富的。

放高利贷也是获利的最可靠的方法之一，虽然它是最坏的方法：因为这种方法，可以说是使放债的人将他人辛苦所得的劳动成果收为己用，不但如此，安息日也是要折算利息的。然而放高利贷虽是很靠得住的致富方法，这种方法也不是没有缺陷的，因为介绍人和中介人常常为了自己的利益会替信用不好的人吹牛。

在某种发明或特权上占有优先权，这种幸运有时能使人一夜暴富，加那利群岛的第一个糖业家就是这样。因此，如果一个人能做真正的聪明人，既有发明的才能，又有判断的能力，他很有可能成为大富豪。而专靠固定的收入的人是不容易致富的，把一切财产都搁在投机生意上的人往往会倾家荡产。因此，最好能有个固定的工作作为冒险事业的后盾，以便如果有损失，也不至于一败涂地。在没有任何束缚的情况下，专利与独家销售的情况是很好的致富之术，做这种事的人要能知道某种货物将要有广大的需求因而提前囤积。由服务而得来的财富，虽然来路最高尚，然而，这种财富假如是由谄谀逢迎的奴婢行为得来的，那么，只能说是最卑劣的财富。至于图谋他人遗产（如泰西塔斯评论塞内加的话："没有子嗣的人和他们的遗产都被他捉入网中。"）则是比阿谀奉承更加卑劣的行径。

别轻易相信那些表面上不看重财富的人，他们不看重是因为没有能力和方法可以获得财富，若是他们有了财富，再没有比这些人更爱财的了。生活中别吝啬小钱，钱财是有翅膀的，有时它自己会飞走，有时你必须放它出去飞，以便招引更多的钱财来。人们通常把钱财留给亲属或者留给社会和他人。如果给子女留一大份家业，但是他们尚且年轻或者见识不够而无法守住的话，那么，这份家业就像鸟饵，会引诱着那些虎视眈眈的捕食的老鹰。同样，为虚荣而赠予社会或者他人的善款和基金等，既像没有放过盐的祭品，又会使得腐败丛生。因此，不要看你捐款的数额有多少，而应当看看它是不是被用到了发挥作用的地方。当然，死后再去捐款也是不太合理的，因为仔细想想，死后才捐款的人，他捐的就是别人的钱，而不是自己的钱了。

论学问——要带着权衡轻重、审察事理
的目的去读书

　　读书的目的可以分为娱乐、装饰和增长学识。在娱乐上，学问可以给那些幽居的人一份清净；在装饰上，学问可以使你的辞令优美，在增长学识上学问可以教会你如何分析和处理事情。富于生活经验的人擅长做事，也许能够对个别的事情加以判断，但是从大处着眼来谈论和安排事务，还是有学问的人做得好些。在学问上费时过多是偷懒，把学问过于用作装饰是虚假，完全依学问上的规则来判断事情是书生

的怪癖。学问锻炼天性，而其本身又受经验的锻炼；就像人的天赋有如野生的花草，他们需要学问的修剪；而学问本身，若不受经验的限制，因为它所说的道理是普遍的。心眼儿多的人藐视学问，愚鲁的人羡慕学问，聪明的人运用学问。因为学问不会教人如何用它们，这种运用之道是学问以外和学问之上的一种能力，通过观察、体会才能获得的。不要为了辩驳而读书，不要为了信仰与盲从而读书，也不要为了言谈与议论而读书，要以学会权衡轻重、审察事理为目的而去读书。

有些书可供一尝，有些书可以吞下，有为数不多的几部书则应当咀嚼消化，意思是有些书只要读读其中的一部分就够了，有些书可以全读，但是不必过于细心地读，还有为数不多的几部书则应当全读，勤读，而且用心地读。有些书可以请人代读，并且由人写出书的内容提要，但是这种办法只能用在不重要的书籍的阅读上，因为这样读过的书就和蒸馏水一样，没有什么味道。阅读使人充实，讨论使人敏捷，写作与笔记使人精确。因此，如果一个人很少动笔，那么他就必须有很好的记性；如果他很少与人讨论，那么他就必须很机智；如果他读书读得很少的话，那么他就必须要很狡猾才可以把自己无知这个真相掩盖过去。

读史使人明智；诗歌使人聪慧；数学使人精细；博物使
人深沉；伦理之学使人庄重；逻辑与修辞使人善辩。"学问
变化气质"。同样，精神上的缺陷没有哪一种是不能用学问
来补救的，就如身体上各种病患都可以通过运动来治疗似
的。打球有益于肾脏；射箭有益于胸肺；散步有益于胃；骑
马有益于头脑……诸如此类。同此，如果一个人心志不专，
他最好研究数学，因为在数学的证明中，如果他的精神稍有
不专，他就非从头再做不可。如果他不善于辨别异同，那么
他最好研究经院学派的著作，因为这一派的学者是条分缕析
的人。如果他不善于推此及彼，旁征博引，他最好研究律师
们的卷宗。如此看来，精神上各种的缺陷都可以有一种专门
的补救方法了。

论无神论——在那唯一的大智慧上，
我们是胜过一切的国家与民族的

　　我宁愿相信《金传》、《塔尔木经》中的一切寓言，而不愿相信这宇宙的体构是没有一个主宰的精神的。上帝从没有创造奇迹以服无神论，因为神所造的日常的一切就足以驳倒无神论了。一丁点儿哲学使人倾向于无神论，这是真的，但是深究哲理，使人心又转回到宗教上去。因为当一个人的精神专注于许多不相连贯的次因的时候，那精神也许有时会停留在这些次因之中而不再前进。但是，当它看见那一串的次因相连相系的时候，它就不能不飞向天与神了。不仅如此，就是那最以无神论见诟的哲学学派（即莱欧西帕斯，德谟克瑞塔斯，埃辟寇拉斯一派）也最为证实宗教。因为主张这宇宙万物的秩序与美是不经一位神圣的领袖之主持而由四种可变易的原素和一种不可变易的第五原素，恰如其分而永久如此地安排的、造成的，这种学说较之那主张这宇宙万物的秩序与美是全仗着一大群无限小、无定位的原子之说，其可信度要强得多。

《圣经》上说"愚顽人心里说没有神"，但是并不曾说"愚顽人心里想没有神。"其意思就是这话是愚顽的人从着习惯给自己说了，以为是他愿意相信的，而并不是他能够完完全全地相信的。因为除了那些主张无神可以于自己有利的人们之外，没有人否认神的存在的。无神论者总在谈论他们的主张，好像他们自己心中觉得不甚妥实而乐意有别人的赞同来扶助自己似的，由此最可见无神论是口头上的而不是心里的。不仅如此，谁都看得见无神论者努力吸收信徒，和别的宗教派别一样。并且，你还可以看见他们之中有些宁愿为无神论受刑而不愿反悔，然而如果他们真相信没有神这样东西，为什么他们要给自己找苦恼呢？埃辟寇拉斯曾说神明是有的，不过他们是逍遥自在、不问世事的。以此见责于世，以为他说这话的时候不过为了他的名誉的缘故而作伪罢了。人说他这话旨在骑墙；其实他心里以为是没有神的。但是，无疑地，他这是受诽谤了，他的话是高贵而且虔诚的。"渎神之举不在否认世俗所谓的神灵，而在以世俗之见加之于神灵。"就是柏拉图也不能说得比这更好。

再者，埃辟寇拉斯虽然有胆量否认神的施为，却没有能力否认神的性质。西印度人有他们的各神的名字，却没有上帝的名字（就好像假设异教徒有久辟特、阿波罗、马斯等等名字而没有"神"之一字似的）。这就足见甚至这些野蛮人也有关于神的观念，虽然这些观念是没有文明人关于神的观念之广大与精深的。因此，在反对无神论者这一宗事上，野蛮人和哲学家是在一起的。思想家的无神论者是很少的：一个戴俄高拉斯、一个巴昂，也许一个鲁先和其他的几位而已。然而就连他们也好像外表胜于实际，因为凡是对于既立的宗教或迷信倡异议的人总被反对者加以无神论者之名。但是实实在在的无神论者乃是伪善者，他们老在搬弄神圣的东西而毫无所感，因此他们终究是要被炙的。无神论的原因是：宗教分成多派（因为任何宗教分为主要的两大派是会增加人的热诚的，但是派别过多就要引起无神论了）。还有一个原因是僧侣的失德，就如圣波纳所说的情形一样："我们现在不能说僧侣有如一般人，因为一般人现在是比僧侣强了。"第三个原因是一种亵渎和嘲弄神圣事物的风习，这种风习一点一点地毁损了宗教的尊严。

最后还有一种理由，就是学术昌盛的时代，尤其是同时享有太平与繁荣的时代，因为祸乱与困厄较能使人心倾向宗教。否认有神的人是毁灭人类的尊贵的，因为人类在肉体方面的确是与禽兽相近的。如果人类在精神方面再不与神相类的话，那么人就是一种卑污下贱的动物了。同样，无神论也毁灭英雄气概与人性的提高，如以一条狗为例，当它在发现自己受一个人的护持的时候显得是如何的高贵勇武，一个人对于它就是一位神灵，或者是一种更高的品性。这是由于那条狗对于一种较自己的天性更高的天性有信仰的缘故。这种勇武显然是那个动物若无这种信仰则永不能达到的。人也是这样，当他信赖神灵的保护及恩惠，并以之自励的时候，就能聚积一种力量和信心来，这种力量和信心单凭人性的本身是得不到的。因此，无神论在一切的方面可恨，在这一方面也如此，就是它削夺了人性所赖以自拔于人类的弱点的助力。这在个人如此，在民族亦如此，从来没有一个国家有如罗马之壮伟者。关于这个国家且听西塞罗之所言："无论我们自视多高，我们在人数上都胜不过西班牙人，在体力上胜不过高尔人，在狡黠上胜不过迦太基人，在艺术上胜不过希腊人，并且在那些天生的，属于人民与土地的乡土之感上，连土著的意大利人和拉丁人也胜不过。然而在慈孝上，在宗教上，并且在那唯一的大智慧上——就是认明世间的一切是由众神的意志管理并支配的——在这些上，我们是胜过一切的国家与民族的。"

论迷信——在迷信中，有智的人是随从愚人的，
而理论则是一种颠倒的次序

关于神，宁可毫无意见，也比有意见而这种意见是与神不称的好。因为前者是不信，而后者是侮辱。迷信则的确是侮辱神明的，关于这一点普卢塔克说得很好。他说："我宁愿人家说从没有过普卢塔克这么一个人，而不愿人家说从前有一个普卢塔克，他的儿女一生下来他就要把他们吃了。"——就如诗人们关于塞特恩的所言一样。这种对神的侮辱越大，则其对人的危害也越大。无神论把人类交给理

性，交给哲学，交给天然的亲子之情，交给法律，交给好名之心。所有这些东西，虽没有宗教的存在，也可以引导人类有一种外表上的道德，但是迷信却卸除这一切，而在人的心里树立一种绝对的君主专制。因此，无神论从没有扰乱过国家，因为无神论使人谨慎自谋，因为人们除了自己的福利之外没有别的顾虑。所以我们看见那些倾向无神论的时代（如奥古斯塔斯大帝之世）都是太平时代。但是迷信曾经扰乱过许多国家，它带来了一个新的第九重天，这第九重天是要把政府的诸天都强引得离开常轨的。迷信的主人公是民众，在一切迷信之中，有智的人是随从着愚人的，并且理论是跟着一种颠倒的次序，拿来适应行为的。

在串特会议中——在该会议中经院派的学者们是很占优势的——有些高级教士曾有如下一些意味甚深的话。他们说经院派中人有如天文学家，天文学家假设离心圈、本轮及此类的轨道诸说以解释天文上的现象，虽然他们知道是没有这种东西的。同样，经院派的学者们构造了许多奥妙复杂的原理和定律以解释教会的行为。迷信的原因是：悦人耳目诸官的礼仪；过度的注重外观与法利赛式的虔诚；对传习的过度尊崇，这种传习是一定要给教会加以压迫的；高级僧侣为私人的野心或财富而设的计谋；过于爱重个人的"良好用意"，而这种用意是足以引起自专及标新立异的；以人间的事理而测度神明，这是一定要产生杂乱的狂想的；最后，还有野蛮的时代，尤其是与灾祸有关的时代。迷信若无遮掩则是一种残缺丑恶的东西，譬如一只猿猴，因为它太像人了，所以更加丑恶。所以，迷信类似宗教之处也使其更为丑恶。又如好肉腐化而成小蛆一般，良好的仪式及规律也可以腐化而成为许多琐细的仪节。

有时，人们以为他们若对于以往的迷信离得最远那就是最好的行为，在这种时候就有了一种反迷信的迷信。因此应当留心不要（像涤除体内积毒而施术不善时所发生的情形一样）把好的同坏的一齐去掉了，这种事情当一般民众成为改革家的时候是会做出来的。

论宗教统一——宗教维系着整个人类社会

　　宗教维系着整个人类社会。异教徒是不会挑起宗教的争执和分裂的。原因是异教徒的宗教只有仪式和典礼。他们教会中的主要宗师和长老均是诗人，从这里就可以想到他们的宗教是什么样的一种宗教了。但是真正的上帝是个"忌邪的神"，因此他的崇奉和宗教便绝不容有混杂和伴侣。所以我们想就关于教会的统一说几句话，所说的是其结果如何，其界限如何，其方法如何。

　　统一的结果有两个，一是对教会以外的人的，一是对教会以内的人的。对于前者，无疑地，异端和分裂是最糟糕的事情，这两桩事甚至比伤风败俗还坏。所以再没有比"统一的破坏"更能使外人不入教堂，教徒急于逃脱的了。因此，到了这种情形的时候——就是，有的人说"看哪，他在旷野之中。"又有人说："看哪，他在密室之内。"那就是说，有的人在异端的秘会里找寻基督，又有人在教堂的外表上找寻基督——在这种时候我们的耳中须常有那句话——"不要出去"。那"外邦人的宗师"（他的使命的特性使他对于在教会以外的人特别地在意）曾说："假如一个异教徒进来，听见你们七嘴八舌地说话，他难道不要说你们是疯了么?"再者，那无神论者和世俗之人听见宗教之中有如许冲突矛盾的意见，他们的意见比上面所说的异教徒的意见必然好不了多少。这种情形使他们要离开教堂，去"坐在亵慢人的座位之上"。有一位"亵慢的大师"在他的幻想的丛书中间列了这样的一本书名：《异端派的摩尔舞》。

在这么重要的问题上，拿这件事作为证据，似乎有不庄重的嫌疑，然而它把那过失之处表现得很好。因为异端诸派真是各有其不同的态度和卑鄙的模样，这些态度不能不使世俗轻薄儿和下流的政客心生讥笑，这些人本来就是易于污蔑神圣的事物的。

至于宗教统一对教中人的结果，那就是和平。和平是有无限的福祉的。和平树立信仰。和平燃起仁心。教会的外观上的和平纯化而为内心的和平。并且它把写读争论文章的工夫移到写读忏悔和敬神的著作方面去。

统一的界限在哪里？这个问题是非常重要的。在这个问题上好像有两个极端。在某种激烈派看来，所有的调和的话都是可恨的。"耶户，是和平么？你与和平有什么相干？你转到我后面吧！"这一派人是不问和平但问党派的。反之，某种老的嘉派的人和不冷不热的人们以为他们可以把宗教上的问题用不南不北、亦南亦北的手段和巧妙的调和来迁就解决，好像他们要在上帝与人类之间公断似的。这两种极端都是应当避免的，避之之道就在以基督自己为基督徒手订的盟约中那两条相反相成的条文切实并清楚地解释那盟约。这两条条文就是"不帮助我们的就是反对我们的"和"不反对我们的就是帮助我们的"。所谓以这两条条文解释基督的盟约者，就是说，要把宗教中基础的实际的要点同那些并不纯粹属于信仰的而是关于意见、教派、居心的问题的要点真实地辨别与分开。这在许多人看起来也许是件小事，并且是已经做到了的。

但是这件事要是做的时候少些党派之见，那么拥护它的人就会更多了。关于这个我只谈几点小小的意见。人们应该注意，不要以两种争论分裂上帝的教会。一种是当所争之点过于微细，不值得那热烈与争执，这些热烈与争执都是因为有辩驳才引起来的。基督教中的早期著作家中有一位曾经说过："基督的外衣确是无缝的，但是教会的衣服却是多色的。"因此他说："让这件衣服有变换之处，却不要有分裂之处。"原来"统一"与"划一"是两件事啊。还有一种就是所争之点是很重要的，然而争论到了后来趋于过为微妙或幽晦，以致这种争论巧慧而不切实了。一个有判断力和了解力的人有时会听见一些无知的人在表达不同的意见，然而他心里很明白这些人的意思其实是同一件事，但是他们自己是绝不同意的。在人与人之间，判断力不同之处既有如此的情形，那么我们就不可以相信天上的上帝（他是明白世人的心的）能看出愚弱的世人在他们的争论之中有时其实是意思相同的。像这样的争论其性质曾经圣保罗在他的关于本题的警告和教训中优越地表现出来了。"避免世俗的新说以及敌视真道的似是而非的学问"。人们造出实际并无其事的冲突，并且把这种冲突装入新的名词之中，又把这些名词定得以致本来应当意义支配名词的，在事实上名词反而支配意义了。"统一"亦有两种假的：一种是以盲从的愚昧为基础的，因为在黑暗之中，所有的颜色都是一样的。另一种是以干脆接受根本要义上矛盾之处为基础而弥补成的。在这些事情里真理与伪说就像尼布甲尼撒王梦中所见的偶像的脚趾的铁和泥一样，它们也许可以互相依附，但是不会化为一体。

说到如何取得统一，人们要注意，不可在统一的过程中，消灭和毁损了博爱的大义和人世的准则。基督徒有两柄剑，精神的和尘世的。二者在护持宗教上都有相当的责任和地位。但是我们不可以拿起那第三柄剑来，那就是谟罕默德的剑。这话的意思就是不可以战争为传教的工具，或者以流血的压迫手段强迫人的良心，除非是遇见有明目张胆的丑事、亵渎神明的行为，或者将宗教混于不利国家的阴谋的时候。更不可暗蓄异志，明助阴谋和反叛，授平民以刀剑。诸如此类，意在倾覆朝廷的举动都应力避，朝廷者，天意所立也。如不避上述种种，就等于把记录上帝旨意的第一块石牌与第二块石牌猛撞，把人类当作基督徒看，而忘了他们是人。诗人卢克莱修见阿加曼木侬忍心以他的女儿为牺牲，遂叹曰："宗教能叫人为恶有如斯之大者。"

假如他知道法国的大屠杀和英国的火药阴谋，他又会说些什么呢？恐怕他会加倍享乐，并且坚信无神论了。因为那柄尘世的剑，在为了宗教而拔出的时候，既需极端审慎，所以把它放在一般平民的手里，就是一种荒唐之极的举动了。

这种事情留给那些再洗礼论者和别的妖魔吧。当魔鬼说"我要上升，并且要和至尊一样"的时候，那是对神明的严重亵渎；但是把上帝安排成某种角色并使这角色登台说"我要下降，并要和黑暗之王一样"是更严重的亵渎。如使宗教的大义堕落到谋杀君主，屠戮人民，颠覆国家与政府的那些残忍而可恨之极的行为上，那么这种行为和先前的亵渎有什么区别？这样的行为真有如把圣灵的像不绘作鸽子模样而画成一只兀鹰或渡乌，把基督教会的船舶挂上一面海贼或凶徒的旗帜一样了。因此必须教会借教义和教律，人君借威力，一切的学问界（属于教会的及属于伦理的）借诱导的力量（如接引神的杆杖一样）把那些倾向于拥护上述诸恶的行为和意见明定其罪并投之地狱，和有一大部分已经做到了的一样。在关于宗教的言论中，无疑地那位使徒的话应当是为首的：

"人的怒气并不能成就上帝的正义。"

又有一位明智的早期的教会作家说："凡是施行或劝人压迫他人的良心的人，多半是为了自己的利益的。"

这话很值得注意，并且说得也很巧妙。

第二部分

培根论人性

论作假与掩饰——掩饰是行事策略的一种，
但它尚属低端

掩饰是行事策略的一种，但它尚属低端。因为要知道什么时间应该说真话，或者什么时间应该行真事需要强大的头脑和开阔的胸襟。也正因为如此，政治家之中处于弱势的通常是那些善于掩饰的人。

泰西塔斯说："里维亚同她丈夫的智略和她儿子的虚伪都很搭调。"即奥古斯塔斯有智略而泰比瑞阿斯善掩饰的意思。又因为当缪西阿奴斯劝外斯帕显举兵攻委泰立阿斯的时候，他说："我们现在起事，这些敌人既没有奥古斯塔斯的洞察力，也没有泰比瑞阿斯的掩饰。"洞察力与掩饰是不同的能力，这些能力是需要区别对待的。假如一个人有强的洞察力，能够看得出某事应当公开，某事应当隐秘，某事应当在半明半暗之中微露，并且看得出这事的或隐或显应当是对何人，在何时（这些正是泰西塔斯所谓的治国与处世的要术），那么，对他来讲，掩饰的习惯是一个弱点。但是假如一个人的洞察力没有那么敏锐，那么，他就不得不常常去掩饰自己了。因为一个人在不能随机应变的时候，选择最安全的方式处事是最好的。就好像眼神不好的人走路要慢慢地、轻轻地一样。

那些有能力的人通常都是比较坦率的，有着很好的名声；可他们像训练有素的马一样，因为他们非常清楚什么时候应当停止，什么时候应当转动，什么时候可以掩饰自己，在他们认为某事需要掩饰的时候真的那么做了，因为以往的好感和名声，人们也不会去怀疑他们。这种自我的掩藏有三等：第一是隐秘、缄默和守秘密，就是一个人不让别人有机会看出或推测出他的为人；第二是掩饰，是消极的，就是一个人故意露出迹象端倪，教别人错认他的真正为人，以真为假；第三是作假，是积极的，就是一个人有意并且明显地装出他实际不是的那种为人来。

讲起隐秘来，这是一个倾听者所必备的素质。隐秘的人经常听别人忏悔。因为谁肯向一个喋喋不休的人吐露心声呢？一旦某个人被人认定为是守得住秘密的人，就会有人找他来倾诉；就好像密闭的空气会吸摄空旷的空气一样。忏悔只是使当事人心情更愉快些，所以隐秘的人可以得知许多的事，大概人多乐于宣泄心事而不乐于增加心事吧。再者（说真的），裸露，不管是精神的还是肉体的，都不是美的。一个人的举止与行为若不完全暴露，便可以增加自己的尊严。至于多言饶舌之人多虚妄而且轻信。大概那些说自己知道的事情的人，也会暴露自己不知道的事情。因此，"隐秘的习惯对于处世和修身，都有益的"。这句话可作为定律。在这一方面，一个人的面容最好能让他的舌头自由说话。因为一个人是什么样的如果可以直接从其表面上看出，不得不说是一个大的弱点。

说到第二种，那就是掩饰。掩饰常常是必然的，与隐秘有着很大的关系。所以一个人若要隐秘，他就不得不在某种程度上做一个掩饰者。因为一般的人都是狡黠的，不会允许一个人在坦白与掩饰之间保持一种中立的态度，或者实际隐秘而表面上不偏向任何一方。这样的人，人们一定会用问题包围他，设法引诱他，并且探出他的口气。所以，除非他理会这些，否则他不免要显露出他的倾向，或者即使他没有任何表示，那些人也会由他的沉默中推测出来，犹如他自己说了一样。至于模棱两可、含糊其辞的话是隐藏不了多久的。所以没有人能够隐秘，除非他给自己留一点掩饰的余地，掩饰是隐秘的衣服。

但是说到第三种，作假或冒充。我认为，除非在重大与稀有的事件之中，是罪过多于智谋的。因此，一种普遍的作假的习惯（那就是这最后的一等）是一种恶德。其起因或由于天性的喜伪或多畏，或由于一种有重大缺陷的心理。这种缺陷因为一个人不得不设法掩盖，遂使他在别的方面也作假，以免有荒疏之虞也。

作假与掩饰的好处有三。第一是使反对者不疑而我可以出其不意。因为一个人的意向若是公开，那就等于一声唤起一切敌人的警报。第二是为自己留一个安全的退路。因为一个人要是明说要如何如何，也就束缚了自己。第三是可以有较好的机会来看破别人的心思。因为对一个暴露自己的人，别人是不会公开反对他的，他们将干脆让他继续说下去而把他们自己言论的自由变为思想的自由。因此，西班牙人有句成语："撒一个谎以便发现一件真事。"这是一句很好、很精明的成语。这话的意思犹云：除了作假并无发现真情之术也。客观地说，作假与掩饰也有三种害处。第一，作假与掩饰平常总带着一种畏怯的模样。这种恐惧的态度在任何事件之中，都不免有碍目的的实现。第二，作假与掩饰使得许多人心中迷惘，莫明其妙，而这些人与那个作假、掩饰的人在相反的情形下也许是会合作的；作假与掩饰使人独自跋涉，去达到自己的目的。第三种是最大的害处，就是作假与掩饰剥夺了一个人做事的主要工具——信任。最好的结合是有坦白之名，隐秘之习，又适当应用掩饰之术，在没有其他办法的情况下，有作假的能力。

论忌妒——红眼在被忌妒的人踌躇满志
或者春风得意时会更加严重

　　人的各种情感和欲望之中，有两样东西最能够迷惑人的心智，那就是恋爱和忌妒。这两者都有很强烈的愿望，它们很容易造出意象和观念，并且很容易进入眼中，尤其是当对象在场的时候，这些都是导致蛊惑之处——假设有蛊惑这种事的话。同样地，我们看见《圣经》中把忌妒叫作"凶眼"；而占星家说忌妒的行为发生时，忌妒者的眼睛会变红。不但如此，还有些人说红眼在被忌妒的人踌躇满志或者春风得意时会更加严重。再者，在这种时候，那些被忌妒的人的得意溢于言表时，也就会受到各种中伤和打击了。

我们现在不理这些玄妙的说法，就谈谈什么人最容易忌妒别人，什么人最易受忌妒，以及在公事上的忌妒与在私事上的忌妒有何分别。无德之人常忌他人之有德。因为人的心思若不以自己的好处为食，就要以他人的坏处为食了。并且缺乏这二者之一的人一定是要猎取其二的。有任何人若是没有达到他人的美德的希望，他一定要设法压抑这另一人的幸福以求与之得平的。多事好问之人每善忌。他们之所以要知道这么多关于他人之事决不会是因为这许多劳碌是有关于自己的利害的。因此，其缘由一定是因为他在观察别人的祸福上得到一种观剧式的乐趣了。并且一个专务己业的人也是不会找着许多忌妒的缘由来的。因为忌妒是一种游荡的情欲，在大街上徘徊而不肯居家，所谓"未有好管闲事而不心怀恶意的人"。

世袭的贵族通常会忌妒那些新贵族的飞黄腾达。因为两者之间的距离改变了，好像一种视觉上的错觉一样，因为感到别人往前而会以为自己后退了。残疾人、宦官、老人与私生子均善妒。因为无法补救自己的情形的人一定要竭力损坏别人的情形，除非这些缺陷落在一种甚为勇敢和伟大的天性上，那种天性是要以他的天生的缺陷为其荣耀之一部的；他们要人家说一个宦官或一个跛子竟做了这样的大事；这种事情的荣耀如同一个奇迹的荣耀了，例如宦官拿尔西斯和跛人阿盖西劳斯及帖木儿。

同样，经过大祸和不幸的人也比较容易忌妒他人，因为他们会把别人受到的损害当作自己以往所受痛苦的赔偿。因为浮躁与虚荣而想在过多的事业中出人头地的人的忌妒心总是很强的。因为在那些事业中的某项上，断不能没有多人可以胜过他们的，既如此他们就不缺乏忌妒的缘由了。这就是埃追安皇帝的特性。他非常妒恨诗人、画家与巧匠，在这些人的事业中皇帝本人是有点过人之才的。

最后，近亲、同事与同伴，最容易在平辈腾达的时候忌妒他们。因为这些腾达的人们可以说是以他们的幸福显出了同辈的不幸或者是在指责他们的无能。并且这些腾达的人们最容易受到同辈的关注，而那些同伴对他们的忌妒之心是从言谈到名声而无处不在的。该隐对他兄弟亚伯的忌妒是很卑劣、很凶恶的，因为当亚伯的供品被上帝看中的时候，当场并没有人旁观。以上就是关于最易忌人的人的话。

　　现在谈一下那些或多或少受到忌妒的人。第一，德行高的人们，其德愈高则受人忌妒的机会愈少。因为他们的幸福看来是他们应得的。没有人忌妒债务之得偿，所忌者都是那些多拿了报酬的人。忌妒总是在与他人的比较中得来的，没有比较的地方就没有忌妒，因此，帝王除了受帝王的忌妒外不受他人的忌妒。然而，应当注意的是微末之人在初升贵显的时候最受忌妒，到后来就比较少了；反之，有功有业的人在福祉绵延之时最受忌妒。因为到了那个时节，虽然他们的德行仍然停留在原来的水平，但其光辉却大不如从前了，因为优秀的新人已经使他们的优点黯然失色了。

　　贵胄在晋升的初期不会受到别人过多的忌妒。因为那好像是他们凭着家世而应得的权利。并且他们发达了也并不见得会使他们的生活有多大的改变，而忌妒心有如阳光，它射在危岸上比射在平地上要热得多。同理，那些逐渐升高的人们较之那些突然腾达，一跃而跻于贵显之列的人们是很少受人忌妒的。

　　那些把他们的荣耀与重大的劳苦、忧虑或危险连在一处的人们是少受忌妒的。因为人们认为这些人的荣耀是得来不易的，并且有时还可怜他们，而怜悯永远是治疗忌妒的良药。因此，你可以看到那较为深沉庄重的政界中人，在他们的崇高的地位中总是自嗟自叹，说他们度着何等不乐的生活，唱着一套"我们何等受苦"的歌曲。并不是他们的感觉如此，而是要减少忌妒心的锋芒。但是这种嗟叹所指的要是别人给他们加上的负担才行，不可指自己招来的事业。因为再没有比无必要而充满野心地专揽事业更增人忌妒的了。一个大人物若能使所有居下位者保持所有的权利和充分的身份，那就没有比这个更能消灭忌妒的了。因为借着这种手段，在他与忌妒之间可说是有了好几重障隔了。

因为大富大贵而趾高气扬的人是最容易受到忌妒的。这些人总要表示自己的伟大——或以外表的煊赫，或以克服一切的反对与竞争——才觉得满意；而有智之人则宁可给忌妒贡献点什么，有时在自己不甚关切的事件中故意让人阻挠或压倒。然而这又是真的，就是以一种朴素坦白的态度来处尊荣（只要是不带骄矜与虚荣），比用一种较为多诈而狡猾的态度要少受人忌妒。因为后一种举止表明他不配享受富贵，由此，他好像是在教导别人来忌妒他了。

最后做一个总结：我们刚开始就说忌妒的行为中有点巫术的性质，那么要治忌妒，除了治巫术的方法再没有别的方法，那就是除去那"妖气"（人们所谓的）而使之落于别人身上。为了达到这种目的，有些明哲多智的大人物，总要让一个人替他登台露面，好教那本要落到自己身上的忌妒心转到那些人身上去，有时这忌妒落到属员或仆役身上；有时落到同事或同僚身上，诸如此类。而为了这种事情，永不会缺乏一些天性莽撞而好事的人。这些人只要能得到权力和职务，什么代价都在所不惜。

现在且说公妒。在公事上的忌妒至少还有一点好处，在私事上的忌妒则是一点好处也没有的。因为公妒好比是一种希腊式的流刑，是在有些人变得太位高权重的时候压抑他们。因此，公妒对于大人物们是一种控制物，可以使他们不至超越范围。这是国家中的一种疾病，就像染毒一样。因为正如毒可以传染到本来健全的部分并使之受疾一样，在国家中如果生了"公愤"，这种心理将使国家最好的举措也蒙上不好的名声。

所以，为政者若把好的政策与不良的政策一起施行的话，是不会有好处的。因为这种做法不过表现出一种懦弱，一种对忌妒的畏惧，这种畏惧更不利于国家。这又如各种染毒常有的情形一样，你要是怕它们，你就不啻招致它们到你身上来了。这种公愤好像是主要专攻那些重臣大吏而非反对帝制或共和本身似的。但是这是一条可靠的定律，就是假如对某大臣的公愤很深而这位大臣本身致之之道很微，或者这种公愤是遍及于一国中之各大臣者，那么这种公愤（虽然隐而不显）真是于国家不利的。以上就是关于公妒或公愤以及它与私妒的差别，关于私妒我们在先已说过了。

大家普遍认为忌妒是所有欲望中最强、最持久的。因为别的欲望的起因不过是偶尔有之，因此古人说得好："忌妒永不休假。"因为它老是在这人或那人心上活动。此外，还有人注意到恋爱与忌妒是会使人消瘦的，而别的情欲则不致如此，因为它们不如爱与妒之持久。忌妒也是最卑劣、最堕落的情欲，所以忌妒是魔鬼的本来的特质。魔鬼是被叫作"那个在夜间在麦子中种植稗子的忌妒者"的，因为忌妒是以诡计并且是在暗中行事的，又常会对好的事物产生不利的影响。所以，这个道理会一直适用。

论勇气——勇气总是在勇敢的人们

初次活动的时候功效大

　　有人问狄摩西尼，一位演说家最主要的才能是什么？他说是表情；其次呢？表情；又其次呢？表情。这虽是小学读本中一段滥熟的故事，然而仍旧值得大家去思索。狄摩西尼是最懂得这件事情的，又是一个在他所称赞的事情上没有天生的优势的人。表情在一位演说家的所有的才能中不过是表面的一种，然而竟会被抬得这样高，超出那些其他的技能，如独创、口齿清晰，等等。简直好像这一种表面的才能是独一无二的，是最重要的似的，这真是怪事了。然而它的理由是显而易见的。

人性之中总以愚者的部分比智者的部分多，因此，那些能够引动人心中愚蠢之一部的才能是最有力的了。同这个非常相似的，就是在世务中的勇气：头一件是什么？勇气；第二件、第三件是什么？勇气。可是勇气不过是无识与卑贱的产儿，比别的关于世务的知识贱得多了。然而，它真能迷惑并控制那些见识浮浅或胆量不足的人，而这种人又是数目最多的。更甚者，勇气也能把有智之人在他们意志不坚强的时候克服了。因此，我们常见勇气在民治国家中曾有奇效，而在有统治阶级或君主的国家中则不如此之甚，而且勇气总是在勇敢的人们初次活动的时候功效大，而以后就没有这样大的效果了，因为勇气是不善于守信的。

有给人治病的江湖医生，那也就有给国家治病的江湖医生。这就是那些担任重要职务，有时会在两三次试验里有好运气的人，但是他们缺乏知识的基础，所以不能持久地拥有好运气。……无疑，在见识远大的人们看起来，所谓勇夫者是一种可笑的人。不但如此，在一般人的眼中，勇气也是有点可笑的。因为，假如"荒唐"是引人发笑的一种性质的话，那么，你可以确信很大的豪勇是很少没有一点荒唐之处的。尤其可笑的是在一个勇夫被人揭穿而失败的时候，因为这样一来，就使得他的面容变得极其萎缩呆板了，这是必然的，因为在退让之中，人的精神是有来有去的。但是那些勇夫在如上述的情形之中他们的精神就只能待着，好像下棋下成和局一样，输是算不上，然而那一局棋是无法走了。但是最后所说的事或者较适于讽世的文章而不适于庄严的论说，这一点最值得考虑。大胆永远是盲目的，因为它看不见危险和困难。因此，大胆在议论中是不好的，在实践中是好的，所以勇夫的适当用途是永不要让他们统帅一切，而应当让他们为副手，并听他人的指挥。因为在议论之中最好要能看出危险，而在实践之中最好不要看出危险，除非那些危险是很重大的。

论善与性善——如果没有美德，人就成为一种
焦躁不安的、有害的、可怜的东西

在谈论"善"这个话题时，我所指的是能给他人带来幸福。这就是希腊人所谓的"爱人"，这个字的字义用"人道"一语来表现是有一点薄弱的。爱人的习惯我叫作"善"，其天然的倾向则叫作"性善"。这在一切德行及精神的品格中是最伟大的，因为它是上帝的特性，而且如果没有这种美德，人就成为一种焦躁不安的、有害的、可怜的东西，堪比一只害虫。

　　"善"与神学中的德行与"仁爱"是一致的，并且不容许任何的偏差。过度追求权力的欲望使天神堕落；过度追求知识的欲望使人类堕落。但是在"仁爱"之中却是没有过度的情形的。无论是神或人，也都不会因它而遭遇危险的。向善的倾向是在人性中印得很深的，这是怎样一种深法？就是如果这种倾向不发向人类，也要及于别的生物的，这可由土耳其人见之，土耳其人是一种残忍的民族，然而他们对待禽兽却很仁慈，并且施舍及于狗和鸟类。据布斯拜洽斯的记述，君士坦丁堡有一个耶教青年，因为在玩笑中撑住了一只长喙鸟的嘴的缘故，差一点被人用石头打死了。

　　在这种"善"或"仁爱"的德行中，错误有时是难免的。意大利人有一句骂人的话："他太好，好得简直成了废物了。"意大利的宗师之一，尼考劳·马基亚委利，也居然有这种自信，几乎明明白白地写道："耶教把善良之人做成鱼肉，贡献给那些专横无道的人。"他说这话，因为真的从来没有一种法律、教派或学说曾如耶教一样尊重过"善"。因此，为避免诽谤及危险起见，最好研究研究像如此优良的一种习惯，其错误安在？我们要努力利人，但是不要做人们的面貌或妄想的奴隶，因为若是那样，就是易欺或柔懦了，易欺或柔懦是拘囚诚实的人的。也不要给《伊索寓言》中的雄鸡一颗宝石，这雄鸡要是得到一颗麦粒，它要快乐欢喜得多了。上帝的例子给了我们很真切的教训："他降雨给义人，也给不义的人；叫日头照好人，也照歹人。"然而，他不降财富，也不叫荣誉和德能在所有的人上面平等地照临。平常的福利应该使大众共有，但是特殊的福利则应有选择。并且我们要小心，不可在临摹的时候把原样毁了。因为神学教给我们说，应当以人之爱己为模范。爱我们的邻人则是这种爱己之心的仿作。"去变卖你所有的东西，分给穷人，并且来跟从我"，然而除非你要来跟从我；不要把你所有的都变卖了。那就是，除非你有天生的使命可以用很少的资产如很多的资产一样行得出一般多的善来，若不然者，则是饲养了支流，却汲干了源泉。

世间不仅有一种受正道指挥的为善的习惯，而且在有些人的天性中，也有一种向善的倾向。但同时也有一种向恶的倾向，因为也有些人天生不关心他人的福利。恶性中较轻的一种趋向于暴躁、不逊、喜争或顽强，等等；而较深的一种则趋向于忌妒或纯粹的毒害。这样的人可以说是靠别人的灾难而繁荣的，并且是落井下石的：他们不如那舐拉撒路的疮的那些狗，而犹如那总在人体任何溃烂的部分上嗡嗡的苍蝇；这些"恨世者"，是惯于诱人自缢，而在他们的园中却连作这种用处的一棵树也没有（和太蒙的事迹相反）。这样的心性正是人性的溃疡，然而他们却正是造大政客的材料；他们就如同曲木一样，造船最好，船是天生要颠簸的，但是这种木材却不适于造房屋，房屋是要站得牢的。性"善"的特质和特征是很多的。如果一个人对待异乡人温和而有礼，那就足见他是个"世界的公民"，他的心不是一个与别的陆地隔绝的岛屿，而是一个与那些陆地接连的大洲。若是他对别人的痛苦灾难很是同情，那就是表明他的心就像那出药疗他人之伤而自己受割的珍贵的树木。若是他对于别人的过恶很容易宽宥不究，那就足见他的心是种植在超越伤害的地方的，所以任何事都伤害不到他。若是他对于小惠很感谢，那就表明他重视人们的心而不重视他们的钱。但是，重要的是，假如他有圣保罗的美德，即假如他肯为了他的兄弟们的得救而受基督的诅咒的话，那就显出他颇合乎天道，与基督确有一样的仁慈和善良了。

论狡猾——愚蠢的人喜欢耍小伎俩，
而聪明的人则通常深思熟虑

　　我认为狡猾是一种阴险、邪恶的聪明。一个狡猾人与一个聪明人之间，有着很大的差异，这种差异不只是表现在品行上，而且还表现在才能上。有些人会配牌，可是打得并不好。同样，有的人在营求结党上很能干，而在别的方面则是无能之辈。又比如懂得人的性格习惯是一回事，而明白事理又是另一回事了，因为有许多揣摩别人的脾气揣摩得十分周到的人，在真正办事上却并不怎么能干，一个对于人的研究比对于书的研究多的人的性质，就是如此。这样的人较适于阴谋而不适于议论，而且他们只有在自己熟悉的方面是优秀的，让他们转而对付新的人物，他们就不怎么有把握了，因此，向来那条辨别智愚的准则"把他们两个都赤裸裸地派到生人前去，你就可以看得出了"，并不是对所有人都适用的。再者，因为这些狡猾的人好像小贩一样，所以，我们不妨把他们的商品列举出来。

狡猾的人在与人谈话时会对人察言观色，就如同基督教的教规所说的那样：世上有许多聪明人，他们心里能够藏得住事情，而脸上却藏不住。不过他们察言观色时也会像耶稣会教士那样一本正经地垂下双目。狡猾还有一个要点，当你有紧急的请求，需要当时办理的时候，你需要用其他的事情来引开那个人的注意力，使他不至于过于清醒，这样才会同意你的请求。我知道有一位执掌议事和秘书的官员，他来请求伊丽莎白女王批准任何文件的时候，没一次不先引诱女王，使她谈论国事的。他的目的是引开女王的注意力，使她不会专注在文件上。

同样的出人不意的举动就是当某人迫不及待，不能停下来仔细考虑所提的事件的时候，向他提议某事。

一个人假如要阻挠一个好的想法被其他人提出来的话，最好是自己先提出来，但是提出的方式又要不会让对方感到反感，使得这件事顺利通过。

假如你欲言又止，一如忽然制止自己似的，这足以使那个与你交谈的人兴趣增加，更想知道你所说的事情。

当人家以为某种话是从你那里问出来的，而不是你自己乐意告诉别人的时候，这种话是比较有效的。因此，你可以为他人的问题设下钓饵，其方法就是装出一副与常日不同的脸色，好使别人有机会问你这改变的原因安在，就如同尼希米之所为："我素来在王面前没有愁容。"

在难言与不快的事件上，最好是让那言语没有什么大价值的人先开口，然后再让那说话有力量的人装作偶然进来的样子，如此可使君上关于别人所说的事件向他发问：例如那西撒司要向克劳的亚斯报告梅沙利娜和西利亚斯的结婚事件时就是如此做的。

在有些事件上如果有一个人不愿意把自己搅在里边的话，一种狡猾的办法就是借用世人的名义，比如说"人家都说……"或"外面有一种传说……"我知道有一个人在他写信的时候，他总要把最要紧的事情写在附言里头，好像那是一件附带的事一样。

我还认得一个人，在他说话的时候，总要绕过他最想说的事情而先说其他事情，之后再说回来，说到他想说的事情就好像是一件他差不多忘了的事一样。有些人想对某人施行某种计谋，他们就在这人将出来的时候，故意装出惊惶，好像那人是不意而来的样子，还故意在手里拿一封信或者做某种他们不常做的事，为的是那人好问他们，然后他们就可以把自己心里想说的话说出来了。

还有一种狡猾，就是散布一些话，然后让别人去学舌和传播，自己可以从中渔利。我知道有两个人在女王伊丽莎白之世争夺部长的位置，然而他们依然交好，并且常常互相商量这事。其中的一个就说，在王权衰落的时代做一个部长是一件很不容易的事，所以他并不怎么想这个位置。那另外的一个立刻就学会了这些话，并且同他的许多朋友谈论，说他在王权衰落的时候没有想做部长的理由。那头一个人抓住了这句话，设法使女王听见，女王一听"王权衰落"之语，大为不悦，从那次以后她再也不肯听那另一个人的请求了。

有一种狡猾，我们在英国叫作"锅里翻猫"的，那就是，甲对乙所说的话，甲却赖成是乙对他说的。老实说，像这样的事若在两人之间发生，而我们要发现原先是谁提出来的，是不容易的。

有些人有一种法子，就是以否认的口吻自解，从而影射他人。如同说"我是不干这个的"。例如提盖利纳斯对布尔胡斯之所为一样，他说："他并无二心，而唯以皇帝的安全为念。"

有的人常备有许多故事，所以无论他们要暗示什么事，他们都能把它用一个故事包裹起来，这种办法既可以保护自己，又可以使别人乐于传播你的话。把自己要得到的答复先用自己的话语说出一个大概来，是狡猾的上策之一，因为这样就可使交谈的人少些为难。

有些人在想说某些话之前，会迂回很远，等待很久，谈很多其他的事情。这是一种很需要耐心的办法，然而用处也不小。

一个突然的、大胆的、出其不意的问题的确常常能够使人大吃一惊，并使对方袒露自己的心声。这就好像有人改了姓名在圣保罗教堂走来走去，而另外的一个人突然来到他的背后用他的真名姓呼唤他，他会马上就要回头去看是一样的。狡猾的手段是无穷的，而把它们列举出来也是一件好事，大概一国之中再没有比狡猾冒充明智更有害的事情了。

但是，这世上确实有些人，他们懂得事情的因果，却不能够深入其中，就好像一栋房子有很方便的楼梯和门户，却没有一间好好房间一样。所以，你可以看见他们在事件的决议中找出许多可以取巧规避的漏洞来但却完全不能审察或辩论事务。然而他们通常却利用他们的短处，要令人相信他们是能够发号施令，善于替人做决断而不善于与人讨论的人。有些人行事的基本是在欺骗他人和在他人身上玩花样，而不在乎他们自己处理事务是否是坚实可靠的。然而，所罗门说过：

"愚蠢的人喜欢耍小伎俩，而聪明的人则通常深思熟虑。"

论假聪明——有虔诚的外表，
却违背了虔诚的实意

以往的看法认为，法国人实际比外表聪明，西班牙人外表比实际聪明。但是不论他们的情形是否如此，我们确实可以把人分成这样两类。圣保罗这样评价虔诚："有虔诚的外表，却违背了虔诚的实意。"同样，很多人实际上没有多聪明，而外表看起来倒是很聪慧和庄严，正是所谓"杀鸡用了宰牛的刀"。这些只务外在的人，用了怎样的手段使得自己看起来那么充满智慧，在一个有见识的人看来，真是一件可笑甚至是可以写文章来讽刺的事情。有些人是很隐秘的，隐秘得好像他们的性情只能在暗处拿出来给人看似的，而且他们好像常常有话没有说完，在他们还没弄清别人所说的事情的时候，他们却要装模作样，要让人家以为他们知道许多不能明说的事情。有些人借助于表情和手势，他们的聪明就体现于此，就和西塞罗说皮索的话一样，当皮索与西塞罗搭话的时候，他把一条眉毛耸到前额上，把另一条眉毛弯到下巴上去了。有些人以为用一些冠冕堂皇的话语，说话不容他人异议，并且把自己不能证实的话视为确凿无疑的真理，就可以成为智者。还有些人对于那些他们所不懂的事物都装出瞧不起的样子，或者认为是无聊或离奇而轻视，这样就不会有人说他们愚昧了。还有些人总是有不同的见解的，他们往往以一种巧辩来娱人，借此绕开了原本的话题，关于这种人盖利亚斯有言："一个疯子，一个用咬文嚼字而破坏大事的人。"关于这一种人，柏拉图在他的《普罗塔高拉斯》一篇中，曾引入普罗第喀斯一人，以为嘲笑之资。柏拉图使他说了一段话，这一段话从头到尾全是区分异同的内容。一般来说，这样的人在议论中，总是喜欢站在否定的一方面，并且希冀以能反对对方的观点来获得声望，因为各种提案一经否

决就算完了，但是如果它们一被通过，那就需要新的工作
了，这样的假聪明是在工作中最有害的想法。总之，没有一
个生意萧条的商人或倾家荡产的浪子，为了向大家展示他们
的财富和名望而像那些假聪明的人那样诡计多端。假聪明的
人也许可以设法得到名声，但是最好不要任用他们。因为，
为了政治上的发展，就算任用一个有点荒唐的人，也不要任
用一个过于注重外表的人。

论猜疑——疑心应当更燃起
忠心之火以自祛嫌疑

猜疑就像蝙蝠一样，总是在黑暗中飞过。猜疑确实应当被制止，或者至少也应当有所节制，因为这种心理使人精神迷惘，疏远朋友，而且也扰乱事务。猜疑使为君者易行虐政，为夫者易生妒心，有智谋者寡断而抑郁。猜疑不是一种心病，而是一种脑疾，因为即使非常勇敢的人也会心生猜疑，例如英王亨利七世，世间从没有比他再多疑的人，也没有比他更勇敢的人。对于他这样的人，猜疑不会产生很大的危害，因为这种人对于种种的猜疑多半不会贸然接受，而一定要先考察考察它是不是真的。但是对于天性中就没有安全感的懦弱的人来说，猜疑就很可怕了。能够引起人们猜疑的，也就是自己知道的很少的事情。因此，人们应当设法增长见识以释疑，而不应该在那里空想猜疑。

人们想要得到的是什么呢？难道他们以为他们所交的人都是圣人吗？难道他们以为这些人不会为自己打算吗？因此，当你猜疑时，请保持警惕，但又不要完全表露在外面。因为一个人应当预先防范，如果所疑是真，则自己不受其害，而当发现猜疑之事只是空想时，又可以避免自己误会了好人。自己头脑中的怀疑也只是蜜蜂的嗡嗡声一样，但是流言和私下里的议论所产生的猜疑，则使原本的那只小蜜蜂长了刺。无疑地，在猜疑之林中，最好的解决方法就是开诚布公地与所疑的一方相见，如此，关于对方，你一定可以知道得比以前多，而同时也可以使对方更加慎重，不致引来更多的猜疑。但是这种办法对于性格卑劣的人是行不通的，因为，这样的人如果发现他们有一次受疑，则将永远不会让大家知道实情。意大利人有言："疑心解除忠实的责任。"这好像疑心给了忠心一张护照许它离去似的，实则疑心应当更燃起忠心之火以自祛嫌疑。

论人的天性——压力会使天性表现得更加
强烈和突出，但是习惯却能制服天性

天性常常是被掩盖起来的，有时会被压倒，但不会被消灭。压力之于天性，反而会使它表现得更加强烈和突出，但是习惯却真能变化气质，制服天性。凡是想征服自己的天性的人，不要给自己安排过大或过小的工作，因为过大的工作将因为常常失败的缘故而使人灰心；而过小的工作，虽然容易成功，但是将使人成为一个进步甚小的人。还有，在起始的时候应当做些相关的事务来练习，就好像学游泳的人用浮胞和苇筏一样，但是一段时间之后，应当面对练习中遇到的困难，就好像舞蹈家穿着厚鞋练习一样。因为，假如练习比实用还难，那么其结果就更为完美了。凡是天性甚强，不容易克服的地方，必须用以下的方法来克服：首先，在时间方面要阻止天性，不要放纵，就好像有的人在生气的时候默诵24个字母的名字以抑怒气的一样。这段工夫做到了，然后在量的方面应该减少，就好像要戒酒的人，从引觞互祝减到每餐一饮一样，最后才可以完全戒绝。但是假如一个人有那种毅力和决心，能够一举而解放自己，那是最好的：

最能坚持灵魂自由的人，就是那挣断磨胸的锁链，一举而永免受罪的人。

还有古人的遗训说应当把天性屈到相反的另一极端去，好像一根杆杖似的，以便它再反过来的时候可以适中，这句话也是不错的，不过我们须要明白，此处所谓的另一极端当然要不是罪恶的行径才行。

建立一种新的习惯不可以一蹴而就，而应当稍有间歇。因为一则这种休息或间歇可以援助新的尝试；二则，假如一个德行不完全的人永远继续练习的话，他不仅练习了他的优点，连谬误也一并练习了，并且使优点与谬误融合在同一个习惯里面。这种情形，只能利用时间的间歇来解决，不然将危害巨大。但是一个人也不可过于相信他对于自己的天性的控制力，因为天性能够长期潜伏着，而到有了机会或诱惑的时候复活起来。就好像《伊索寓言》中的猫变的女子一样，她坐在餐桌的一头，坐得端端正正的，可是有一只小鼠在她面前跑过的时候，她就不如此了。因此，一个人应当或者完全躲避这种机会，或者常常与这种机会接触，以便少被牵动。人的天性在私生活里最易看出，因为在那种生活里是没有虚饰的，在热情里也最易看出，因为热情使人把平日的教训忘了，在一种新的事情或尝试之中也最易看出，因为在这种情形里是无惯例可援的。凡是天性与职业适合的人是有福的人；反之，那些从事于他们本不想做的事业的人，他们可以说："我的灵魂曾久与天性不合之事物周旋。"在学问方面，一个人对于与他的天性不合而勉强去学的学科，应当有固定的时间，但是凡是与天性相合的学科，那就不必有什么规定的时间，因为他的思想会自己做主，飞到那方面去的。只要别的事情或学科所剩下来的时间足够研究这些学问就行。一个人的天性不长成药草，就长成莠草，所以，他应当及时灌溉前者而去除后者。

论虚荣——好炫耀的人是自己
所夸耀的言语的奴隶

"苍蝇坐在战车的轮轴上说道，我扬起了多少尘土啊！"

伊索的这个寓言说得实在巧妙。类似，有些人，无论任何事情，只要他们在其中出了一点力气，他们就以为这些事情是完全依仗着他们的力量而完成的。好夸之人一定是好党争的，因为一切的夸耀都是靠着比较而体现出来的。这种人也必然是过分的，因为如此才可以支持自己种种的夸耀。他们又不能保守秘密，所以他们是没有什么实际上的用处的；反之，他们是和法国的一句成语所说的一样，"声音很大，结果很小"的。然而，在政事中这一种品性也是确有其用的。每逢人们需要造成一种大才或大德的名声的时候，这些人就是很好的吹鼓手。再者，如里维关于安提奥喀斯和哀陶立安人之事的话："对双方的谎言有时是有大效的。"例如，一个人在两位君王之间交涉，想引他们联合起来向第三者作战，他就对两方面都言过其实地夸大对方的兵力；又如在两个私人之间交涉的人，他对双方都夸大对方的影响，结果是把他自己的声望提高了。所以在上述以及类似的事件中，往往会无中生有。这大概就是谎言足以引起意见，而意见能引起实行的缘故了。

在将帅与军人方面，虚荣心乃是一种不可或缺的性质，因为如同一块铁由别的铁而磨得锐利一样，由于夸张而人们的勇气就互相磨利了。在冒着资财或身体之危险的大事业中加入一种天性好夸的人可以使事务更有活力，而那些天性厚重严肃的人则有似压舱物而不类风帆。在学问的名声方面，若没有一些夸耀的羽毛，则这种名声的飞腾是很慢的。"写《虚荣之轻视》一书的人也不反对叫自己的名字出现于题页上"。

苏格拉底、亚里士多德、盖伦，都是富于夸耀性的人。虚荣心确是一种使一个人留名的方法，因此，注重德行的人绝没有以德行作为手段来猎名的人更容易获得荣誉。西塞罗、塞内加、小普利尼的名声若不是与这些人本身的某种虚荣心连在一起的话，也不会经久如新的。这种虚荣心就如同天花板上的一层油漆一样，它使得那天花板不但能够发亮而且能够持久。但是说了这么久，我用"虚荣"这个字眼儿的时候，却并不是指泰西塔斯说缪西阿努斯有的那种性质，所谓"他有一种能够漂亮地炫耀他的一切言行的本领"，因为这种性质并非是出自虚荣心的，而是出自天生的豪气和见识的。并且这种性质在有些人方面是不但漂亮而且优美、高尚的。因为逊谢、退让与节制得宜的自谦，都不过是炫耀的手段而已。在这些炫耀之术中，没有比小普利尼所说的那一种更好的了，那就是在你自己所擅长的某方面，如果别人也有一点长处，当不吝惜地多多地赞誉称扬那人。因为普利尼说得很巧妙："在称扬别人的时候，你其实是替自己做好事，因为你所称扬的那人在那一方面若不是比你还强就是不如你。如果他是不如你，那么他既然值得称扬，你自然更加值得称扬了；如果他是胜过你的，那么假如他不值得被称扬的话，你就更不值得被称扬了。"好炫耀的人是明哲之士所轻视的，愚蠢之人所艳羡的，谄佞之徒所奉承的，同时，他们也是自己所夸耀的言语的奴隶。

论怒气——要在人们最急进或
心境最坏的时候激恼他们

　　要想完完全全地消灭怒气，这不过是斯多葛学派的一种
夸张的说法。我们是有较好的指示的："生气就生气，却不
要犯罪。不可含怒到日落。"怒气必须在程度和时间两方面
都受到限制。我们现在先说发怒的天性及习惯如何可以调剂
和缓。第二，再说怒气的特殊动作应如何压抑，或至少如何
使它免于为害。第三，再说如何使别人发怒或息怒。

　　关于第一点，没有别的办法，只有好好地细细想想怒气

所导致的结果，它是如何扰乱我们的生活的。最好的办法就是在气消之后回想当时的情形。塞内加说得好："怒气像坍塌的建筑，把自己弄得七零八落。"《圣经》教我们"要以耐性保持我们的灵魂"。无论何人，若是失了耐心，就如同失了灵魂了。人们决不可变成蜂，"把生命留在所螫的伤口之中"。

经常生气是一种不好的习惯，老弱病残幼最容易受到它的摆布。因此，人们须注意，如果不免于生气的时候，须要使怒气与轻蔑连在一起而不可使它与恐惧之心连在一起，这样就可以少受些伤害了。这是一种容易办到的事，只是好多人不肯去做罢了。

关于第二点，怒气的主要原因与动机有三。第一，就是过于易感伤害。因此，纤弱细致的人一定是常常生气的：有许许多多的事情可以使他们受刺激，而这种事情在天性较为健壮一点的人是很难感觉到的。其次，一个人在所受的伤害中，发现或者认为有满含轻蔑的情形，也是容易致怒的：因为轻蔑之心会是使怒气锐厉的，好像比伤害的本身还要厉害一点。因此，人们若是善于发现轻蔑的情形，他们是很容易生气的。最后，当一个人认为他的名誉受损的时候，这种心态也是会增加并加重怒气的。在这个情形之中，最好的调剂之道是如康萨弗常说的，一个人应当有一种"绳索较粗的荣誉网"。但是在所有的抑怒之道中，最好的调剂术是延长时间，并且要使一个人相信，他报复的时机尚未来到，但是他可以预先看见一个将来的好机会，如此他就可以在这个机会尚未来到的时候静默等待。

假如想使一个发怒的人不至于得罪他人，有两件事情不可不注意。一是极端愤懑的语言，尤其是尖刻而涉及个人的语言：因为"骂世之言"是不关紧要的；在怒气之中也不可泄露秘密，因为在怒气中泄露秘密之举是会使一个人不适于群居的。其次，在事务中，不可于一阵怒气之中，将事务首先决裂了。总之，无论你怎样表示愤懑，都不要做出任何无法挽回的事来。

至于使别人发怒或息怒，这种事情的做法主要在乎选择时间，要在人们最急进或心境最坏的时候激恼他们。还有一种办法是如上所述，把你所能找出来的事情都搜集在一起以加重对那人的轻蔑。息怒之方则与此相反。其一，与人初次提及某种可恼之事的时候要选择好的时机，因为初次的印象是很重要的；其二，就是要把一个人对伤害的见解尽量地与他受轻视的感觉分开，把这种伤害归之于误会、恐惧、热情或其他任何事项都是可以的。

论青年与老年——一个年岁甚轻的人
也可以是富于经验的人

　　一个年岁甚轻的人也可以是富于经验的人——假如他不曾浪费光阴的话。只是这种情况很少。一般的情形是青年人就好像人的"初念"一样，不如"再思"明智。大概在思想上和在年岁上一样，也有少年与老成的分别。然而青年比老年有更多的新想法，而且想象力也比较容易注入他们的脑筋，并且好像更是若有神助似的。天性中有高热和强烈的欲望及感受性的人未过中年是不适于做事的，例如久利亚斯·

恺撒和塞普谛米亚斯·塞委拉斯。关于这后一位曾有句话道："他曾度过一个满是错误——不，满是疯狂——的青春。"然而，他差不多是罗马皇帝中最能干的一位。天性平和的人则能于青年时代做事做得很好，例如奥古斯塔斯大帝，佛罗伦斯的大公考斯摩斯，加斯顿·德·福洼。另一方面，老年的负责与认真是在做事业时很可贵的品质。

青年人较适于发明而不适于判断；较适于执行而不适于议论；较适于新的计划而不适于惯行的事务。老年人的经验，在它的范围以内的事物上，是指导他们的，但是在新的事物上，则是欺骗他们的。青年人的错误常使事务毁坏；而老年人的错误充其量不过是也许可以做得更多一点，或者更早一点而已。青年人在执行或经营某事的时候，常常所包揽的比所能办到的多，所激起的比所能平服的多；一下就飞到目的上去，而不顾虑手段和程度；荒荒唐唐地追逐某种偶然遇见的主义；轻于革新，而革新这种举动是会引起新的不便来的；在起始就用极端的补救之法；并且（这是把一切的错误都加重一倍的）不肯承认或挽救错误，就好像一匹训练不足的马一样，既不肯停，也不肯转。有年岁的人过于喜欢反对别人，商量事务商量得过久，冒险过少，后悔太快，并且很少把事务推进到十分彻底的地步；反之，只要有点稀松平常的成功，他们就很满足了。无疑地，把这两种人合而用之是好的；这种办法对于目前好，因为两种年龄的长处可以互相纠正他们的短处；对于将来也好，因为在年老的人做事的时候，年轻的人可以学习；并且，在对外的事情上也是好的，因为当局或掌权的人是尊重老年人的，而一般人的欢心则是跟着青年人的。但是在道德方面也许青年人较为优越，如在世情方面老年人较为优越一样。

"你们的少年人要见异象，你们的老年人要见异梦。"有一位犹太经师在讲这句原文的时候曾由此而推论道，青年人是比老年人更接近上帝的，因为异象是比异梦清楚的一种启示。无疑地，世情如酒，越喝越醉人，而年岁多的益处是在乎理解的能力而不在乎意志与感情方面的德行的。有些人在年岁上有一种早熟的情形，而这种情形其长处是随着时间消逝的。这些人中之第一种是那些有点脆薄的聪明的人，而这种聪明的锋锐是不久就变为迟钝的，例如修辞学家赫冒简尼斯，他的著作是非常奥妙的，但是后来他就长成一个愚拙的人了。第二种是那些具有某种气质，而这种气质较适于青年人而不适于老年的人，如流利丰富的言辞，就是适于青年而不适于老年的。所以土利论霍坦西亚斯道："在他的故我已经不适于他的为人的时候，他还是依然故我。"第三种是起始的时候所作所为过于崇高以致在后来的年岁中无法继续保持其伟大的人。例如西辟奥·阿弗利坎努斯就是这样。关于他，里维曾说道："他的晚年不及他的青年。"

论习惯与教育——人们的谈论和言语多依从
学问和见解，但行为却是取决于习惯的

　　人们的思想多依从着他们的愿望，他们的谈论和言语多依从着他们的学问和从外面得来的见解，但是他们的行为却是取决于他们平日的习惯的。所以马基亚维利说得很好，天性的力量和言语的动人，若无习惯的增援，都是不可靠的。他所论的事情是，为了完成一件极险恶的阴谋，一个人不可信任所用的某人之天性的凶猛或约言的坚决，而应当任用以前曾经亲自下过手，手上染过他人的血的人。但是马基亚委

利不知道有一个乞僧克莱门，不知道有一个哈委亚克，不知道有一个约尔基，也不知道有一个巴尔塔萨尔·杰拉尔，然而这个定律是不会改变的，就是，天性与言语上的允诺、要约都不如习惯有力。只有一件，就是现在迷信很盛，以致初次为迷信杀人的人简直是和业屠的人一样地不动心；盟誓的决意也被做成与习惯一样地强，甚至在流血的事件中亦是如此。在迷信以外的事情中习惯之凌驾一切是处处可见的，其势力之强，使得人们于自白、抗辩、允诺、夸张之后，依然按照旧习惯去做，好像他们是无生命的布偶，和由习惯的轮子来转动着的似的，这种情形真使人惊讶。

　　我们也可以见到习惯的统治或专制，可以看出它是怎么一回事。印度人（我说的是他们的哲人中的一派）会自己静静地躺在一堆柴上，然后用火自焚。不但如此，那些做妻子的还要争着与丈夫的尸身一同烧死呢。在古时，斯巴达的青年们常乐于在狄亚那的祭坛上受笞刑，甚至一动也不动。我还记得在女王伊丽莎白初年的英国，有一个被判死刑的爱尔兰叛党曾上呈总督，请求缢死他的时候用薪条而不用绞索，因为以前的叛党都是照例用薪条的。在俄罗斯，有些僧人为了赎罪，会在水盆里坐上一夜，直到他们被坚冰冻住了才罢休。习惯在人的精神和肉体两方面的力量，例子可以举出很多来。所以，既然习惯是人生的主宰，人们就应当努力求得好的习惯。习惯如果是在幼年时就开始培养的，那就是最完美的习惯，这是一定的，这个我们通常叫作教育。教育其实是一种从早年就起始的习惯。所以我们常见，在言语上，幼年时代比幼年以后舌头更为柔活，能学一切的语法及声音，并且四肢关节也比较柔活，适于各种的竞技和运动。因为年长方学的人不能像从小就学起的人能屈伸如意，这是真的。除非在有些从未固定自己的心志，反而把心志开放着，并准备好了接受不断地改良的人们，那算是例外，但这种情形是非常之少的。但是假如个人的单独的习惯其力量是很大的，那么共有的联合的习惯，其力量就更大得多了。因为在这种地方，他人的例子可为我之教训，他人的陪伴可为我之援助，争胜之心使我受刺激，光荣使我得意，所以在这种地方，习惯的力量可说是到了最高峰。天性中美德的繁殖是要仗着秩序井然、纪律良好的社会的。因为国家与好政府只是滋养已长成的美德，而不去鼓励美德的种子。可悲的是，最有效的工具正用于最要不得的目的。

论残疾——残疾对于一个精神上异常强大的
很有才能的人来说倒是一件好事

　　身体有残疾的人通常会向造物者实施报复。他们中大多数（如《圣经》所说）是"天性凉薄"的，所以他们对造物主实施报复。肉体与精神之间确有符合之处，造物在其中之一上若是犯了错误，那么在别的方面它也会冒险的。但是因为人性之中对于精神的结构有一种选择的能力，并且对于肉体的结构有一种自然的需要，所以那些决定气质的星宿有时是会被纪律和才德的太阳掩盖的。因此，最好不要把残疾认为是一种标记或证据（这种情形是容易欺人的），而应当把它当作一种原因，这种原因是很少不引起相当的效果的。凡是在身体上有招致轻蔑的缺点的人总在心里有一种不断的刺激要把自己从轻蔑之中解救出来。因此，所有的残疾之人都是非常勇敢的。起初，他们勇敢是为了受人轻蔑的时候要保护自己，但是经过了一段时间以后，这种勇气就变成一种普遍的习惯了。残疾在人心中也常引起勤勉，尤其是这一种，就是勤于窥伺并观察别人的弱点，以便能有报复别人的材料。还有，有残疾的人可以消灭在上位的人对于他们的忌妒心，因为在上的人以为这种人是无足轻重的。对于可以相竞相争的同辈能使之消灭戒心，因为他们永不会相信这种人是有升迁之可能的，直到那残疾之人已经升迁了他们才肯相信。所以残疾对于一个精神上异常强大的很有才能的人来说倒是一件好事了。

帝王们在古时（在现时有几个国家中也有这种情形）常常很信任身体上有残缺的宦官之流，因为他们对人类的嫉恨使得他们做事情更加专注。但是那些帝王们虽然信任宦官，却是把他们当作很好的侦探和告密者而信任的，不是把他们当作好官吏而信任的。对于一般残疾之人，上述的理由也是

真的。无论何时，我们前面说过的那条定律都是对的，就
是，如果他们是有魄力的人，他们一定要努力把自己从轻蔑
之中解放出来，而解放的途径不出于美德即出于恶谋，因此
残疾之人有时竟是非常优越的人才，这是见怪不怪的，例如
阿盖西劳斯、梭利满的儿子杉格尔、伊索、秘鲁的总督加斯
加都是这样的。苏格拉底以及许多其他的人也可以算在这类
人之内。

论复仇——复了仇不过使一个人和

他的仇人得平而已

复仇是一种野蛮的公道。人类的天性越是向着它，法律就越应当将其铲除。因为首先犯罪者不过是触犯了法律，可是报复这个罪恶的举动却颠覆了法律存在的意义。

毫无疑问，复了仇不过使一个人和他的仇人得平而已，但若置而不较，他就比他的仇人高出一等了，因为宽宥仇敌是君王的气概。正如所罗门所言："人有怨仇而不报是他的光荣。"过去的事情是已经过去了，并且是叫不回来的。明智的人留心现在和将来的事情已经够忙的了，所以那些劳于过去的事情的人只是枉费心力而已。没有人是为了作恶而作恶的，他们是为了要给自己争取利益、乐趣、荣誉以及类似的东西。因此，为什么我要对着某人因为他爱自己胜于爱我而生气呢？再者，即使有人纯粹因为生性本恶而作了恶，那又怎么样？也不过像荆棘一样，荆棘刺人是因为它们不会做别的事啊。复仇中最可原谅的一种就是为了报没有法律纠正的那一种仇的，可是在这种情形里，那报仇的人也应当留神，他那报复的行为要没有法律惩罚才好，否则他的仇人还是会赚便宜，因为二人之间吃亏的比例是二比一。

有些人在报仇的时候要对方知道这报复是从哪里来的。这是比较大度的，因为报仇的痛快处似乎不再是使对方受苦而在使对方知道自己的错误而感到后悔和惭愧。那些卑劣狡猾的懦夫则有如暗中的飞箭。科斯谟斯，佛罗伦萨的大公，曾有句话说的是无义和忘恩的朋友。他的意思大概是无义和忘恩是不可宽恕的，他说："你可以在圣书中读到基督教我们饶恕我们的敌人的话，可是你永远读不到有教我们饶恕我们的朋友的话。"然而约伯的精神则调高一格，他说："难道我们从上帝手中只要好的而不要坏的吗？"以此例推于朋友，他们如果犯错也应该得到原谅。的确，一个人要是对于复仇念念不忘，他就是不断地撕开自己的伤口，如果没有想着复仇，这个伤口是会痊愈的。公仇的报复大多的结局是我们愿意看到的：例如为恺撒之死，为破提拿克斯之死，为法兰西王亨利第三之死以及许多类似的复仇事件。然而在私仇的报复上则常常不是如此。反之，结怨深而喜欢报复的人所过的是妖巫一样的生活。这种人活着的时候于人不利，死了也是于己不幸。

论敏捷——在做事不敏捷的时候，

那事业的代价一定是很高的

欲速则不达绝对是一个真理。它有如医家所谓的"前消化"或过速消化一样，一定会使人体中满含酸液与各种难以观察到的病根。因此，不可以做事的时间之多寡为敏捷的标准而当以事业进展之程度为标准。比如在赛跑中，速度并不靠步武之大与举足之高，同样，在事业上，达到敏捷的方法在乎专心治事而不在一次包揽许多事务。有些人一心只要显露自己能在短时期内做许多事，或者把未办完的事设法掩饰成了结的样子，以突显出他们是敏捷的人。然而以紧密的手段缩短做事的时间是一回事，以省略的手段缩短时间是另一回事。类似，以数次会议办理的事务常是往返多次，无固定的处理之方者也。我认得一位智者，他在看见人家急欲达成一个决议的时候，常会劝诫说："稍待一会儿，如此我们就可以早点完事了。"

在另一方面，真正的敏捷是一件很有价值的事。因为时间是衡量事业的标准，一如金钱是衡量货物的标准。所以在做事不敏捷的时候，那要付出的代价一定是很高的。斯巴达人和西班牙人曾以迟缓著名，"让我的死亡来自西班牙"，因为如果这样的话，那我的死亡一定是来得很慢。

应该好好听取别人对某件事情的说明和阐述，如有指示当在他讲解之前说明，而不可在他说话之中插嘴，因为被人搅乱自己谈话的次序的人将不免受到影响，并且在追忆欲说而经人打断话头的时候比他能顺着自己的路子说下去的时候将更为冗长可厌了，但有时常见抑制他人发言的人较发言者本身更讨厌。

重复讲同一句话是一种浪费时间的行为。但是再没有比常常重述问题的性质之更为节省时间的，因为这种办法把许多空虚无关的话语在将要说出之时都驱逐掉了。冗长而过细的言辞其适于敏捷就如同宽袍长裙之适于赛跑一样。序文、承转的套语、自解的话以及其他关于一个人自身的言语都是浪费时间的东西，并且，它们虽然好像是出自谦虚而其实是架子排场。然而在他人有阻挠或反对之意的时候，却应当留神，不可过于直接，因为怀有先入之见的想法总是需要先容的言辞的，就好像一种要使药膏生效而先用的蒸罨剂一样。

最重要的是，次序、分配与选择是做事有效率的重要因素。因为那些不善分析的人永不会治事，而分析过细的人则永不会把事情办得清楚。选择时间就等于节省时间，而不合乎时的举动则等于乱打空气。治事有三个部分：准备，讨论或审察和完成。如果你要敏捷的话，在这三项之中，唯有中间的一项可以作为多人的工作，其头一项与末一项则当为少数人的工作。把要讨论的事先写个大要，然后依这个所写的东西而商议，这是很有助于提高做事效率的，因为即使把那些意见或计划完全抛弃了，有所否定的决议总比漫无定见的谈论易于遵循，就像灰烬总比尘土更为有用一样。

论时机——凡事如能把握住发轫
之机，无疑是大智

运气有时候就好像是在集市买东西，或许你在那儿多逛一会儿，你中意的东西的价钱说不定就会下跌；但它有时又像西彼拉那套预言集，开初以整套索价，然后烧掉其中几册，但售者的要价依然如初。究其原因，自然是时机了（恰如那句谚语所说），她若给你头发你不抓，就只剩下光秃的后脑勺。或者你至少知道这句格言：时者难得而易失，且失不再来。故凡事如能把握住发轫之机，无疑是大智。

　　欲行事者须知，看上去不足惧之危险往往并非不足为惧，令人虚惊一场的危险向来多于真正逼迫人之危险。不仅如此，对付某些危险最好是不等其逼近就迎头出击，而不能过久地对其逼临进行监视，因若监视时间太长，监视者很有可能会放松警惕。反之，被晕光幻影所迷惑而出击过早（在弯月低挂、敌影拖长时有过这种情况），或是因打草惊蛇而导致"引蛇出洞"，则属于另一个极端。如上所言，时机成熟与否得时时悉心掂量。而一般说来，每逢大事须派百眼巨人阿耳戈斯当先，再派百臂巨人布里阿柔斯随后，即首先明察秋毫，然后则雷厉风行。因为对明智者而言，普路同那顶隐身帽便是议事之隐秘和行驶至神速。事情一旦付诸实施，保密之最佳手段就是迅雷不及掩耳，犹如出膛的子弹，其追风逐日之速为目力所不及也。

论荣华与名誉——一个人只有在正确观念的指导下，显露出自己全部的才华，才能够获得荣誉

一个人只有在正确观念的指导下，显露出自己全部的才华，才能够获得荣誉。因为有些人在他们的行为中力求光荣与名誉，这种人虽是很受人的关注，但是很少人是在内心中羡慕他们的。有些人，与上述的这一类人是相反的，他们掩藏他们的才德，不外露，因此他们是被一般人低估的。假如一个人能做成一件人家未尝试过的事，或者是一件经人尝试过而被放弃了的事，或者是别人也做成过而未曾做得如此完

善的事，如此他就可以比仅仅追随别人之后而做成了一件更难的事的人得到更多的荣誉。假如一个人把他的所作所为调和得使其中总有一件可以取悦于各党各派的，那么赞美他的歌声就更宏大了。假如一个人承诺去办一件事，而这件事如果成了的时候他所得的名誉远不如败了的时候他所得的耻辱的话，那么这个人就是个不善于爱惜自己的荣誉的人。由比较而得来的（就是显出我优人劣的）那种荣誉是最显明的，就如同切成多少面的钻石一样。所以一个人应当竭力与那和他争名的人争胜，定要在可能范围以内，用那人自己的弓而射得比那人还要远。谨慎有识的从者与仆役是大有助于名誉的。"一切的名声都是来自一个人的家人"。忌妒心是荣誉的害虫。要想消灭忌妒心，最好的方法是表明自己的目的是在求事功而不求名声，并以自己的成功归之于天佑和幸运而不归之于一己的才德或权术。

君主的荣誉可以分为以下几个等级。第一流的君王应数那些开国之君，如罗缪刺斯、萨拉斯、恺撒、奥陶曼、依斯迈耳；第二流的就是立法创制之君，这一类的君王也叫作万世之君，因为他们逝世后仍能以他们所立的法度治国，这一流的帝王有里可尔戛斯、索伦、加斯提尼安、埃德瓦、"聪

明的"喀斯提王阿尔芳撒斯，就是那立"七法"的；第三流
就是"解难之君"或"救国之君"，如解决内战之长期困苦，
或从异族或暴君的束缚下把国家救出来的君王，例如奥古斯
塔斯大帝、外斯帕显、奥瑞利安努斯、西奥道瑞库斯、英王
亨利七世、法王亨利四世，他们都是这样的君主；第四流就
是"扩疆拓土之君"或"保国之君"，如以光荣的战争扩张
疆土或以光荣的自卫战抵御侵略者的君主；最后应数那些
"国父"，就是那些治国有道，使得他的国家处于和平之中
的。这么两种都不需要例子，因为像这样的君主是很多的。

臣民的荣誉应分级如下：第一是"为主分忧之臣"，就
是那些君主委以重任的人，就是我们所谓的"人君的右手"。
其次就是"统兵大将"，即伟大的军人领袖，例如人君的辅
佐与在军事上有大功者。第三就是"亲幸之臣"，如能得君
心而不扰民的人们。第四就是"能臣"就是居高位而能尽
职、能办大事的人们。还有一种荣誉，可列于最高等的荣誉
之中，但是不常见的，就是为国捐躯或冒大危险的人们，例
如马喀斯·瑞古拉斯和戴西亚斯父子就是这样的人。

第三部分

培根论生活

论结婚与独身——最有功于公众的事业
最好是出自无妻或无子的人

有妻与子的人已经向命运之神交了抵押品了，因为妻与子是大事的阻挠物，无论是大善举或大恶行。同样地，最有功于公众的事业最好是出自无妻或无子的人，这些人在情感和金钱两方面都可说是娶了公众并给以奁资了。然而，依理似乎有子嗣的人应当最关心将来，他们知道他们一定得把自己最贵重的保证交代给将来的。有些人虽然过的是独身生活，他们的思想却仅限于自身，认为将来是无关紧要。并且有些人把妻与子认为仅仅是几项开销。尤有甚者，有些愚而富的悭吝人竟以无子嗣自豪，以为如此则他们在别人眼中更显得富有了。也许他们听过这样的话：一人说，"某某人是个大富翁"，而另一人不同意地说，"是的，可是他有很大的儿女之累"，好像儿女会将那人的财富削减似的。然而独身生活的最普通的原因则是自由，尤其是那些自恋而且任性的人们，这些人对于各种约束都很敏感，所以差不多连腰带、鞋带都觉得是锁链似的。

独身的人是最好的朋友、最好的主人、最好的仆人，但是并非最好的臣民，因为他们很容易逃跑，差不多所有的逃亡者都是独身的。独身生活适于僧侣之流，因为慈善之举若先须注满一池，则难于灌溉地面。独身于法官和知事则无甚关系，因为假如他们是易欺而贪婪的，则一个仆人之恶将五倍于一位夫人之恶也。至于军人，窃见将帅激励士卒时，多使他们忆及他们的妻子儿女；又窃以为土耳其人之不尊重婚姻使一般士兵更为卑贱也。妻子和儿女对于人类确是一种训练，而独身的人，虽然他们往往很慷慨好施，因为他们的钱财不易消耗，然而在另一方面他们较为残酷狠心（做审问官甚好），因为他们不常有仁慈之处。庄重的人，常受风俗引导，因而心志不移，所以多是情爱甚笃的丈夫，如古人说尤里西斯的那样：“他宁要他的老妻而不要长生。”

贞节的妇人往往骄傲不逊，她们自视甚高。假如一个妇人相信她的丈夫是聪慧的，那就是最好的使她保持贞操及柔顺的维系；假如这妇人发现丈夫妒忌心重，她就永不会以为他是聪慧的了。妻子是青年时的情人，中年时的伴侣，老年时的看护。所以一个人只要他愿意，任何时候都有娶妻的理由。

然而有一个人，人家问他，人应当在什么时候结婚？他答道：“年轻时还不应当，年老时更不应当。”这位也被人称为智者之一。常见不良的丈夫多有很好的妻子，其原因也许是因为这种丈夫的好处在偶尔出现的时候更显得可贵，也许是因为做妻子的以自己的耐心而自豪。但是这一点是永远不错的，就是这些不良的丈夫必须是做妻子的不顾亲友之反对而自己选择的，因此她们就一定非补救自己的失策不可。

论恋爱——"爱情"只是喜剧和悲剧的素材

舞台比人生更多地受惠于爱情。因为在舞台上，"爱情"只是喜剧和悲剧的素材，但在人生中，"爱情"常会招致祸患，它有时如一位惑人的魔女，有时似一位复仇的女神。你可以见到，在一切伟大的人物中（无论是古人今人，只要是其盛名仍在人的记忆中者）没有一个是在恋爱中被诱到狂热的程度者：可见伟大的人与重大的事能排除这种柔弱之情。然而你必须把曾为罗马帝国一半之统治者的安东尼和十人执政之一及立法者阿皮亚斯·克劳的亚斯作为例外，这两个人

之中前者确是一个好色而无度的人，但是后者却是一个严肃
而有智的人。所以好像（虽然这是很少见的）恋爱不但是会
入于坦露的心胸，并且也可以进入壁垒森严的心胸中（假如
把守不严的话）似的。埃皮扣拉斯这句话说得不好："我们
互相看起来，就是一座够大的舞台了。"好像生来本当旷观
天界及一切高贵之物的人类不应该做别的而只应跪在一个小
小的偶像前面，自己把自己当成个奴隶似的，虽然这不是为
口舌的奴隶——如禽兽一般——而是为眼目的奴隶（而眼目
是上帝给人为高贵的用途的）。由此可见的：长期的夸张的
言辞唯有在关于恋爱的言语中是合适的，不适合于其他的
事情。

不仅言语如此，古人说得好，那第一个阿谀奉承的
人——所有后来的阿谀奉承者都是与他互通消息的——就是
自己。而无疑地，情人是比第一个谄谀者还厉害的。因为从
没有一个骄傲的人重视自己之甚有如一个情人之重视其所
爱。所以昔人说得好："要恋爱而又要明哲是不可能的。"这
一种弱点也不是仅仅在旁人眼中看得出来，而在所爱的眼中
看不出来的；反之，这种弱点，在被爱者的眼中是最显明
的，除非其人的爱情是得到了回报。因为，爱情的报酬永远

是这样，要不是会爱，就是一种内心的隐藏的轻蔑，这条定理是真的。由此可见，人们更应当如何提防这种情欲，因为它不但使人失去别的事物，简直连自己也保不住。至于其他的损失，古诗人的故事表现得极好，就是喜爱海伦的人是舍弃了攸诺和派拉斯的赏赐的。因为无论何人，若过于重视爱情，则自将放弃财富与智慧。这种情欲泛滥的时候正是在人心力极弱的时候，那就是在一个人最繁荣或最困厄的时候——虽然困厄是不甚受人注意的。这两个时候都是燃起爱火并使之更为热烈的，由此足见"爱"是"愚"之子。有些人，即在心中不能不有爱的时候，仍能使它受约束，并且把它与人生的要务严格分开，这些人可算做事极当。因为"爱"若是一旦参与正事，就要扰害人们的福利，并且使他们无法坚守自己的目的。我不懂为什么，可是武人最易堕入爱情。我想这也和他们喜欢喝酒一样，因为危险的事业多需要娱乐为报酬。人性之中有一种隐秘地爱他人的倾向和趋势，这种倾向若不消耗在一个人或少数人身上，将很自然地普及于众人，并使人变得仁慈，例如在僧侣之中有时就可以看得到这样的情形。

夫妇之爱，使人类繁衍，朋友之爱，给人以帮助。但是无度的淫爱，则使人堕落。

论父母与子女——为人父母的欢喜是溢于言表的，他们的忧愁与畏惧也是一样的

为人父母的欢喜是溢于言表的，他们的忧愁与畏惧也是一样。他们不肯道出他们的欢喜，也不肯表明他们的忧惧。子女使劳苦变甜，但是也使不幸更苦。他们增加人生的忧虑，但是他们减轻关于死亡的记忆。传宗接代是动物同有的，但是名声、德行与功业却是人类特有的。而最伟大的事业是从无后嗣的人来的这种事实也是确实可见的。这些人是在他们的躯体的影响无从表现之后努力想表现他们精神的影

响的。所以，无后代的人倒是最关心后代的人了。首先创立家业的人们对于他们的子嗣是最为纵容的。他们把子嗣看作不但是本族的继嗣，而且也是自己事业的继续。因此，他们对自己的子女与自己所造的事物都是一样的看法。

父母对子女之间的慈爱往往不是公平的，而且有时是不合理的，尤其是母亲的爱，如所罗门所说："智慧之子使父亲欢乐，愚昧之子使母亲蒙羞。"常见在一子嗣满堂的家中，有一两个最长的受尊重，还有最幼的受过度的纵容，但是居中的几个则好像被人忘却了似的，而他们却往往成为最好的子女。

父母对子女在金钱上的吝啬是一种有害的错误，这使得他们卑贱，使他们学会取巧，使他们与下流人为伍，使他们到了富饶的时候容易贪欲无度。因此，为父母者若对他们的子女在管理上严密，而在金钱上适度宽松，则其结果是最好的。

人们（父母、师父）有一种不明智的习惯，就是当孩子们在童年的时候，在他们之间形成一种竞争。其结果往往在他们成人的时候，弟兄不和，并且扰乱家庭。意大利人在自己的子女及侄甥或近亲之间无所分别，只要他们是本族，即便非己身所出，亦不介意。说真的，在性质上，这大体是同一回事。我们看见有时侄子像伯父或叔父或某位近亲而不甚像自己的父亲，这是血气使然。由此可见，以上所言很有道理。

为人父母者当尽早选择好他们想要子女所从事的职业，因为在那个时候他们的可塑性最强。同时父母也不可过于注意子女的倾向，以为他们心中最喜欢的就一定能做好。如果子女的所好和能力是超群的，那么最好不要拂逆他，这是真的，但是就一般而言，下面这句话是很好的，就是："选择最好的（职业或训练），习惯会使它成为合适而且容易的。"兄弟中为幼弟者多半结局良好。

论友谊——凡是天性不配交友的人其性情
可说是来自禽兽而不是来自人类的

"喜欢孤独的人不是野兽便是神灵。"说这话的人若要在寥寥数语之中，能把真理和邪说放在一处，那就很难了。因为，若说一个人心里有了一种天生的、隐秘的、对社会的憎恨嫌弃，则那个人不免带着点野兽的性质，这是极其真实的；然而要说这样的一个人居然有任何神灵的性质，则是极不真实的。只有一点可为例外，那就是当这种憎恨社会的心理不是出于对孤独的爱好，而是出于一种想让自己退出社会以追求更崇高的生活的心理的时候，这样的人在异教徒中有些人曾冒充过，如克瑞蒂人埃辟曼尼的斯、罗马人努马、西西利人安辟道克利斯和蒂安那人阿波郎尼亚斯。而基督教会中许多的古隐者和长老则确有如此者。但是一般人并不大明白何为孤独以及孤独的范围。因为在没有"仁爱"的地方，一群人并不能算作一个团体，许多的面目也仅仅是一列图画；而交谈则不过是铙钹叮铛作响而已。这种情形有句拉丁谚语略能形容之："一座大城市就是一片大荒野。"因为在一座大城市里，朋友们是散居各处的，所以就其大概而言，不像在小一点的城镇里，有那样密切的交情。但是我们不妨更进一步并且很真实地断言说，缺乏真正的朋友乃是最纯粹、最可怜的孤独。没有友谊则斯世不过是一片荒野，我们还可以用这个意义来论"孤独"说，凡是天性不配交友的人其性情可说是来自禽兽而不是来自人类的。

友谊的主要效用之一就在于使人心中的愤懑抑郁之气得以宣泄，这些不平之气是各种情感都可以引起的。闭塞之症于人的身体最为凶险，这是我们知道的。在人的精神方面亦复如此，你可以服撒尔沙以通肝，服钢以通脾，服硫华以通肺，服海狸胶以通脑，然而除了一个真心的朋友之外没有一样药剂是可以通心的。对一个真心的朋友，你可以传达你的忧愁、欢悦、恐惧、希望、疑忌、谏诤，以及任何压在你心上的事情，有如一种教堂以外的忏悔一样。

许多伟大的帝王对于我们所说的友谊的效用之重视在我们看起来实为可异。他们重视友谊的程度，已经到了往往不顾自己的安全与尊荣的地步。盖为人君者，由于他们与臣民之间地位上的距离的缘故，是不能享受友谊的——除非他们（为使自己能享受友谊起见）把某人擢升到他们的伴侣或侪辈的地位，然而这样做的结果往往是有不便的。像这样的人现代语叫作"宠臣"或"私人"，好像他们之所以能到这种地位仅仅是由于主上的恩意或君臣之间的亲近似的。然而，罗马语中的字眼儿才能算是把这种人的真正用途及其擢升之由表达出来了，罗马语把这种人叫作"分忧者"，因为真能使君臣之间结如斯之友谊者，正即此事也。我们又可以看到像这样的事情并不限于懦弱易感的君主，即从来最有智有谋的君主，亦往往有与臣下中某人结交，呼之为友，并使旁人亦以君王之友人称之者。君臣之间所用的这种称谓就和普通私人之间所用的一样。

苏拉，当他为罗马的独裁者的时候，把庞拜（即后来被人称为"伟大的"庞拜）擢升到很高的地位以至庞拜自诩为苏拉所不及。因为有一次庞拜为他的一位朋友争执政官之职，与苏拉所推举之人竞选，竟而获胜。在苏拉对此表示不满而开始争吵的时候，庞拜则反唇相向，叫他不要多言，"因为敬慕朝日的人多过敬慕夕阳的人"。在恺撒则有代西玛斯·布鲁塔斯，其影响之巨，竟使恺撒在遗嘱中立他为次承继人，仅次于恺撒的外甥。而这人也就是有能力诱致恺撒于死地的人。因为在恺撒为了一些不祥的预兆，尤其是克尔坡尼亚的一场噩梦的缘故而想使参议院先行散会，改期再开的时候，布鲁塔斯拉着他的胳膊，轻轻地把他从椅子上拉了起来，并告诉他说，他希望恺撒不要叫参议院散会，等恺撒的夫人做一场好一点的梦之后再行开会。安东尼在一封信里（这封信在西塞罗的攻击演说之一中曾经一字不移地引用过）曾呼代西玛斯·布鲁塔斯为"妖人"，好像他用邪术迷惑了恺撒似的，由此可见他的得宠之深。阿葛瑞帕虽然出身微贱，但是奥古斯塔斯却把他升到很高的地位，以致后来当奥古斯塔斯以他的女儿玖利亚的婚事问麦西那斯的时候，麦西那斯竟敢说："你必须把女儿嫁给阿葛瑞帕，否则就必须把阿葛瑞帕杀了。再没有第三条路可走，因为你把阿葛瑞帕已造就得如此之伟大了。"在泰比瑞亚斯一方面西亚努斯升到很高的位置，竟至他们二人被称并被认为一对朋友。泰比瑞亚斯在致西亚努斯的一封信里写道："为了我们的友谊，我没有把这些事对你隐瞒。"并且整个的参议院给"友谊"特造了一座祭坛（就好像"友谊"是一位女神一样）以表扬他们二人之间的很亲密的友谊。此类或胜乎此类的例子又可于塞普谛米亚斯·塞委斯与普劳梯亚努斯的友谊中见到。因为塞委拉斯竟强迫他的儿子娶普劳梯亚努斯之女为妻，并且往往祖护普劳梯亚努斯种种欺凌皇子的行为，他还以这样的言辞下诏于参议院："朕爱其人如此之深，愿其能后朕而死也。"假如这些君王是图拉真或马加斯·奥瑞利亚斯一流的，那么我们可以认为像上述的举动乃是出自十分良善的心田的。但是这些君王都是很有智谋，精神强健而严厉，并且是极端爱己的，然而他们竟然如此，这就可以证明他们的幸福虽然已达人间之极峰，但是他们对之仍不满意，觉得若无朋友使之圆满，则这种幸福终是残缺不全的。犹有甚者，这些君主都是有妻有子有甥侄的人，然而他们却不可以拥有友谊之乐。

康明奈亚斯关于他的第一位主上，公爵"勇敢的"查理，所说的话是让人难以忘怀的，就是他不肯把他的秘密与任何人共享，尤其不肯把那最使他为难的秘密告于他人。于是康明奈亚斯继续又说道："到公爵的末日将近的时候，这种秘而不宣的性情不免稍损他的理智。"其实，如果康明奈亚斯乐意的话，他对于他的第二位主上，路易十一，也大可下同样的断语，因为路易十一的好隐秘确是他自己的灾星。毕达哥拉斯的格言是难解而真确的，他说："不要吃你的心。"确实，说得厉害一点，没有朋友可以向之倾诉心事的人们可说是吃自己的心的野人。有一件事却是很值得惊奇的（我把它说了出来就此结束关于友谊的第一种功效的话语），那就是，一个人向朋友宣泄私情的这件事能产生两种相反的结果，它既能使欢乐倍增，又能使忧愁减半。因为没有人不因为把自己的乐事告诉了朋友而更为欢欣者，也没有人因为把自己的忧愁告诉了朋友而不减忧愁者。所以就实际的作用而言，友谊之于人心，其价值真有如炼金术士常常所说的他们的宝石之于人身一样。这宝石，依术士们的话，是能产生种种互相反的效力，然而总是有利于天禀的。然而，即使不借助于术士，在普通的自然现象中，也可以看到这种相似的情形。因为物体相合则足以助长并滋养任何天然的作用，又可以削弱并挫折任何暴烈的外来的打击。物体如此，人心亦是如此。

友谊的第二种功用就在它能支配理智，有如第一种功用之卫养并支配感情一样。因为友谊在感情方面使人出于烈风暴雨而入于光天化日，而在理智方面又能使人从黑暗和乱想入于白昼。这不仅指一个人从朋友处得来的忠谏，即在得到这个之前，任何心中思虑过多的人，若能与旁人通言并讨论，则他的心智与理解力将变为清朗而有别；他的思想的动作将更为灵活；其排列将更有秩序；他可以看出来把这些思想变成言语的时候它们是什么模样；他终于变得比以往的他聪明，而要达到这种情形，一小时的谈话比一天的沉思为效更巨——这些都是没有疑义的。塞密斯陶克立斯对波斯王的话说得极是。他说："言语有如张挂展览的花毡，其中的图形都是显明的；而思想则有如卷折起来的花毡。"友谊的这第二种功用（就是启发理智），也不限于那些能进忠言的朋友（他们当然是最好的朋友了），即便没有这样的朋友，一个人也能借言谈的力量使自己增长知识，把自己的思想表达清楚，并且把自己的机智磨砺得更为锋利，如磨刃于石，刃锐而石固不能割也。简言之，一个人，与其使他的思想窒息而灭，还不如向雕像和图画倾诉自己的心声，求得治愈。

现在，为充分说明友谊的这第二种功用，我们再谈一谈那个显而易见、流俗之人也可以注意到的那一点，就是朋友的忠言。赫拉克里塔斯在他的隐语之一中说得很好："干燥的光永远最佳。"一个人从另一个人的诤言中所得来的光明比从他自己的理解力、判断力中所出的光明更加干净纯粹，这是无疑的：一个人从自己的理解力与判断力中得来的那种光明总不免是受他的感情和习惯影响。因此，在朋友所给的诤言与自己所作的主张之间，其差别有如良友的诤言与谄佞的建议之间的差别一样。因为谄谀我者无过于我，而防御自谄自谀之术更无有能及朋友之直言者也。诤言共有两种：一种是关于行为的，另一种是关于事业的。说到第一种，最能保人心神之健康的预防药就是朋友的忠言规谏。一个人的严厉自责是一种有时过于猛烈、蚀力过强的药品。读劝善的好书不免沉闷无味。在别人身上观察自己的错误有时与自己的情形不符。最好的药方（最有效并且最易服用的）就是朋友的劝谏。许多人（尤其是伟大的人们）因为没有朋友给他们忠告的缘故，做出许多错误的事来，以致他们的名声和境遇均大受损失，这种情形看起来是很让人惊异的。这些人是，有如圣雅各所说："有时看看镜子，而不久就会忘了自己的形貌的。"讲到事业方面，一个人也许以为两只眼所见的并不多于一只眼所见的；或者以为局中人之所见总较旁观者之所见为多；或者以为一个在发怒中的人和一个默数过二十四个字母的人一样聪明；或者以为一枝旧式毛瑟枪，托在臂上放和托在架上放一样地得力……他可以有许多类似的愚蠢骄傲的妄想，以为光靠自己一个人就行了。然而能使事业趋于正轨者还数忠言。又，假如有人想采纳别人的忠告，但只愿零碎地采纳，在某一件事上问某一人，在另一件事上问另一人，这样的办法也好（这就是说，总比他全不问人要好一点）。可是他冒着两种危险：一种是他将得不到忠实的进言，因为所进的言论必须是来自一位完全诚心的朋友的才好，否则很少有不被歪屈而倾向于进言人的一己私利的；另一种危险是他所得的进言，将为一种有害而不安全的言论（虽然用意是好的），一半是招致祸患的，而另一半是救济或预防祸患的。有如你生病请医，而这位医生是虽被认为善治你所患的病症，却是不熟悉你的体质的，那么，他也许会使你目前的疾病可以痊愈而将危害你健康的另一方面，结果是治了病症而杀了病人。一个完全通晓你的事业境遇的朋友则不然，他将小心注意，以免因为推进你目前的某种事业而使你在别的方面突受打击。所以最好不要依靠零零碎碎的忠告，它们多半会起到误导的作用。

在友谊的这两种高贵的功效之后，还有那最后的一种功效：这种功效有如石榴之多核。这句话的意思就是朋友对于一个人的各种行为、各种需要，都有所帮助，有所参加。在这一点上，若要把友谊的多种用途很显明、生动地表现出来，最好的方法是计算一下，看看一个人有多少事情是不能靠自己去办理的。这样计算一下之后，我们就可以看得出古人所谓"朋友者另一己身也"的那句话是一句与事实相较还有不足的话；因为一个朋友的作用比他自己大得多。人的生命有限，有许多人在没有达到最大的心愿——如子女的婚事，工作之完成，等等——之前就死了。要是一个人有了一位真心的朋友，那么他就大可安心，知道这些事件在他死后还是有人照料的。如此，一个人在完成心愿上简直是有两条性命了。一个人有一个身体，而这个身体是限于一个地方的，但是假如他有朋友，那么所有的人生大事都可算是有人办理了。就是他自己不能去的地方，他的朋友也可以代替他去。还有，有多少事是一个人为了颜面的关系，不能自己说或办的？一个人不能自承有功而免矜夸之嫌，更不用说是不能表扬自己的功绩了，有时也不能低首下心地去有所恳求，诸如此类的事很多。但是这一切的事，在一个人自己的嘴里说出来未免赧颜的，在朋友嘴里说出来却是很好的。此外，一个人还有许多身份上的关系，是他不能弃置不顾的。例如，一个人对儿子讲话，就不能不保持父亲的身份；对妻子讲话就不能不保持丈夫的身份；对仇敌讲话就不能不顾虑自己的体面。但是一个朋友却可以就事论事，而不必顾虑这种身份上的关系。这一类的事情要一一列举出来是说不完的。总之，一个人若是有某种事自己不能很得体地去做时，我想告诉他：如果他没有朋友的话，那么他就只有放弃了。

论自谋——永远为自己而牺牲他人的人，其结果 却是他们变为祸福之神的变化无常的牺牲品

蚂蚁是一种为自己打算起来很聪明的动物，但是在一座果园或花园里，它就是一种有害的动物了。那深爱自身的人的确是有害于公众的。所以一个人应当把利己之心与为人之心理智地区分开，对自己忠实，要做到无欺于人的地步，尤其是对他的君主与国家。把一个人的私利，作为他的行动的中心，是很不好的。那就完全和地球一样，因为只有地球是固定在自己的中心上的，而一切与天体有关之物则是依他物

的中心而行动的，并且对这些别的物体是有利的。对一切事物都拿自己做标准，这对一个君主而言是较为可恕的，因为君主们的自身并不就是个人而已，反之，他们的善恶乃是公众的安危之所系。但是这种情形若在一位君主的臣仆身上或在一个共和国的公民身上有之，则是一件极坏的恶事。

因为无论何事，若经过这样的一个人的手里，他一定会把那些事为自己的私利而扭曲的，而这种行为一定常常是与他的主上或国家的利益相违背的。因此，为人君或主政者应当选择没有这种性情或习惯的臣仆，除非他们的用意是要这种人办理细事，仅为工具者，那么是可以有例外的。为私的最大的弊害在使事务完全失宜。先顾臣仆之利，后及主上之利，这已经是很不合理的了。然而有时竟以臣仆之小利而不顾主上之大利，这就是最糟糕的了。这种情形正是不良的官员、财吏、使节与将帅以及其他的奸臣污吏之所为，这种善于自谋的情形使他们取径不正，顺循自己的小利与私怨，而破坏君主的重大事业。然而就最大多数言之，这般臣仆所得到的好处不过是与他们个人的幸运相当，但是他们为那点好处付作代价的弊害却是与他们的君主的祸福相当了。又，"引火烧房但图烤熟自己之鸡卵"，极端的自私者，其天性确有如此者，然而这样的人往往深得主上的信任，因为他们所注意揣摩者就在如何逢迎主人而肥己身也：为了这两者之中的任何一项，他们都是会抛弃主人的事务的利益而不顾的。

善于谋生的聪明，在它的许多种类中，都含有一种败坏了的品质。它是那房屋将倒以前定会离开的老鼠的聪明；它是那驱逐为它掘穴造屋的穴熊的狐狸的聪明；它是那在要吞噬他物的时候落泪的鳄鱼的聪明。但是尤须注意的，是那些"爱自己甚于任何旁人的人"（如西塞罗论庞拜之言）往往是不幸的。他们虽永远为自己而牺牲他人，但结果却是他们变为祸福之神的变化无常的牺牲品，而他们从前以为是以自己的善于谋身就已经把祸福之神的翅翼困缚住了的。

论放债——用公开承认的办法补救放债的害处
比默认其存在而使它横行要好一点

许多人都曾经说过巧妙的骂放债的话。他们说，人类应给上帝的贡献是每人的收入的十分之一，而现在这上帝应得的一部分竟被魔鬼占了，真是一件可悲的事。放债的人乃是最大的破坏安息日的人，因为他的犁耙是每个安息日都在工作的。放债的人就是委吉尔所说的雄蜂。

他们把那些雄蜂（一群偷懒的东西）从蜂房中驱逐出去了。放债的人把人类自失乐园以后的第一条法律破坏了。这

第一条法律就是"你将汗流浃背然后得食",而放债的人却是"借他人身上的汗而得食"的。他们觉得放债的人应该戴姜黄色的帽子,因为他们是变了犹太人了。又说钱生钱是有悖天道的,诸如此类。我只有这句话可说,就是,放债是"因为人心太硬而始蒙上帝允许的一种事"。因为既然借与贷是免不了的,而且人的心肠是硬得不肯白借钱给人的,那么,放债的事情便非准许不可了。又有些人也曾经对银行及财产呈报和其他的办法做过多疑而巧妙的建议,但是很少有关于放债这件事说过有用的话的。把放债的利与害列举在我们眼前,以便我们酌量采择其利,并且小心办理,希望我们在走向改良之途的时候不要遇见比现在更坏的事情,这是好的。

放债的害处:第一,它使商人的数目减少。因为要是没有放债这种懒惰生意,金钱是不会静止不动的,反之,大部分的金钱将被用在商业上,而商业乃是国家的财富的"门静脉"。第二,放债使商人的性质变劣。因为,一个农人,假如他住在一个租价很高的田地上,他就不能够好好地经营他的土地,同理,假如一个商人依靠高利贷为生的话,他就不能好好地进行他的生意。第三个害处是附属于上述的两个害处的，就是放债使帝王或国家的税收减少，税收原是随着贸易而涨落的。第四个害处是放债把一国的财富都聚在少数人手中。因为放债的人的收入是相对稳定的，而别的生意人的生意是存在风险的，所以到这场戏快结束的时候，大多数的钱都进了以放债为生的人的箱子了。然而，一个国家总是在财富分配得最为平均的时候最为兴盛的。第五个害处是放债之举使土地的价值降低了，因为金钱的用处，主要是在做生意或购置田产上，而放债却把这两种事业都路劫了。第六个害处是，放债把一切的工业、改良和新的发明都制约、压抑了，因为假如没有放债这种事业阻挠的话，在上述的种种事业中，自会有金钱活动的。最末的一个害处是，放债是蠹害许多人的财产的东西，而这种行为经过了一段时间之后是会引起一种普遍的贫困的。

而另一方面，放债的益处有：第一，尽管放债之举在某种情形中对商业是有阻力的，然而在别的方面，它却是助长商业的。因为商业的最大部分是由年轻的商人靠着借有利息的债而经营的，这是无疑的。如果放债的人把他的钱收回或者不放出去，马上就会发生商业上的大停滞。第二个益处是，要没有这样容易的用利息借债的办法，人们的需要将使他们骤然陷于没落，因为他们将不得不卖掉他们赖以为生的资产（无论是田产或货物），而且卖出所得的价值远不及这些资产的真正价值。所以，放债的行为固然是蠹蚀这些人的，但是若没有放债的行为，则坏的市面将把他们整个吞噬了。至于抵押或典当之举，那也是无补于事的。因为，不是人们不肯无利息地收受抵押和典当，就是，如果他们肯这样做，他们必定会专注在没收那些资产上面的。记得有一位乡下的狠心富翁，他常说："鬼把这种放债的举动拿去才好，它使得我们不能够没收抵押的产业和证券。"第三个益处是，设想能有不带利息的一般借贷乃是虚妄的，并且，如果借贷之事一受拘束，不便之处其数目之多是不能想象的。因此要废止放债业的话是空话。所有的国家都有过这种生意，不过种类与利率不同罢了。所以这种意见只好送到乌托邦里去了。

现在谈一谈改良并管理放债业之道。如何可以避免它的害处而保持它的益处。从放债业的利害相权看来，有两件事是应当调和的。一件是，放债业的牙齿应当磨得钝一点，使它不至于咬人咬得太厉害；另一件是，应当留一个门户，可以鼓励有钱的人放债给商家，以便商业能够继续运转。这件事情除非你创立两种大小不同的放债，否则是办不到的。因为，假如你把放债业全减到一个低利率上去，这种办法对一般的借债者将要容易一点而商人将不容易找到钱了。而且我们也应当注意，商品交易的事业，因为获利最厚，所以能担负高利贷，而别的事业则不如此。

要达到上述的两个目的，其方法如下。要有两种利率：一种是自由而且公开的；另一种是受统治的，唯有某种人并且在某种商业地域才可以得到允许的。因此，第一，应当使普通放债的利率减到百分之五，这种利率应当公布为自由的通行的利率，并且国家应当允许这种利率的存在。这个办法可使借贷之举免于停止或枯竭，也可以便利国内无数的借款人。并且，这个办法，在大体上，将提高田地的价值，因为以十六年交清买款为期买来的地，一年之中可以产生百分之六或稍高的利息，而这种放债的利率则只能产生百分之五的利息。同理，这种办法也将鼓励并激刺工业和有益的改良，因为许多人将宁愿投资于这些事业而不愿收百分之五的利益，尤其是收惯了较高的利息的人。第二，应该让一部分人得到允许，可以用较高的利率放债给知名的商人，但还得有如下的预防。这种利率，即在那些商人的方面，也应该比他

从前惯付的利率较为轻一点。因为由这种方法，所有的借款
人都可以得到一点便利，无论他是商人或是其他人。放债的
人不可是银行或公司，而每个人都应当是他自己的钱的主
人。这并不是因为我完全憎恶银行，而是因为他们为了某种
嫌疑的缘故是很难受一般人的信任的。国家为了所发的允许
证，应当使放债人负责缴纳一笔小捐税，其余的利益则应当
归之于放债的人，因为假如这种捐税的数目很小的话，它是
决不会使放债的人灰心的。举例来说，那原先收百分之十或
百分之九的利息的人是宁可降到百分之八而不肯放弃他的放
债事业，撇下拿得稳的利益跑去求冒险的利益的。这些持有
允许证的放债者，其数目可以不必限定，不过他们营业的地
点却应当限于某几个商业的城市，因为这样他们就不能掩饰
国内他人的钱财：持有特许证可以放百分之九的利率的放债
的人就不会把那一般流行的百分之五的利率的钱吸收尽了；
因为没有人肯把钱放到远处，或放在不相识的人的手里的。
如果有人反对说，以前放债的事业不过是在某种地方受容
忍，而我的办法差不多要使它成为合法的了，我的答语是用
公开承认的办法补救放债的害处比默认其存在而使它横行要
好一点。

论协商——要想调查别人的意图，采取迂回的

方法总比单刀直入的好

与人协商时用口头说话比用信函好，找中间人去办比本人亲自去办得好。在一个人想得到一个书面的回答的时候，或者在一个人预备将来可以拿出书面的证据以为自己辩护的时候，或者在谈话中有被人中断以致听的人听不完全的危险的时候，用信函交涉是更好的。在一个人的颜面可以使对方生敬（如普通在上位者之于下属）的时候，或者在很微妙的局面中，当一个人注视听话的人的脸上方可以知道说话能说

多少的时候，还有，一般地，在一个人要保留否认或解释的自由的时候，面谈是更好的。在选择替你去交涉的人的时候，较好的办法是选择那些老实一点，肯照你的委托去做事，并且肯回来向你忠实地报告结果的人们，而不取那些巧于利用他人的事务以利己身并粉饰其报告以图任用者的欢心的人们。那些对于被委托去办的事乐意做的人也应当任用，因为这种乐意的心理使他们勤奋。又须量才任事，如勇敢的人可派他去争辩；巧言的人可派他去劝诱；机警的人可派他去探询观察；冒失荒唐的人可派他去办那些不免稍亏于理的事务。那些有运气的，在以前你派他们去做的事件中很成功的人们也应当任用，因为这种情形可以产生自信，并且这些人也会努力保持他们以前的名誉。

要想调查别人的意图，采取迂回的方法总比单刀直入的好，除非你要用一种突然的问题来惊他，使他出其不意，无法掩饰，那自然是例外。与已经达到所欲的人交涉不如与那欲望正炽的人交涉。如果一个人和别人讲条件做事，那么原先履行条件可算是问题的全部。一个人是没有什么理由要求别人先尽义务的，除非事件本身的性质需要如此；或者这人可以劝导对方，使对方相信将来在别的事件上我方还有倚仗他之处；或者要他认为我方是很诚实可靠的。一切交涉的问题无非是观察人或利用人的问题。要看人们的真性情之流露须在他们受信任之际，生热情之际，无防备之际，有需要之际，就是当他们要做成某事而找不着合适的用语时。假如你要影响别人，你就必须要知道他的性情和习惯，以便引导他；或者他的目的，以便劝诱他；或者他的弱点与短处，以便恐吓他；或者对于他有影响的人，以便控制他。在和狡黠的人交涉的时候我们必须要明白他们的目的，以便解释他们的言辞。并且最好对他们少说话，而且所说的话是他们最料不到的。在一切有困难的交涉中，不可希冀一边下种一边收割，而应当事先做好准备，好让它渐渐成熟。

论朋友与随从——上位者与下属之间的
友谊是荣辱与共、休戚相关的

　　不要去找代价过高的随从。所谓代价过高的随从仅是那
些消费钱财的人，那些渎请屡求而不知厌的人也算在内。一
般的从者其所求于主人者，不应当超出主人的善意相待，善
言先容，以及保护安全，使不受欺凌。为主人者更不可喜欢
那些好党同伐异的从者，因为这些人之来归并不是因为爱
你，而是因为对于别人心怀不忿，所以，我们常见的大人物
之间的那些误会多半是由此而来的。同理，好夸张的从者，

那些到处张扬主人的名声的人，也是有很多的不利的。他们泄露机密，破坏事业，并且有损于主人的美名，反使他失去一般人的欢心。还有一种也是很险恶的从者，这类人实际上是一种侦探，他们常常探询主人家中的事务并且把这些事务泄露给别人。然而这种人往往很受宠幸，因为他们是很殷勤的，而且多半是愿意交换故事的。一位大人物如果有与他自己所从事的事业有相符的身份的从者（例如，一位曾经战事的人而有许多武人为其从者，这一类的事），那是向来被认为是合适的事，即在君主国中，也是不受什么猜忌的。只要不过于声势煊赫或过于得一般人民的爱戴就是了。但是那最高尚的一种随从，就是因为主人被人认为是一个懂得如何使各种人都能进德展才的人因而随从着的。然而，遇到在才德上并不出众的人的时候，任用比较平凡的人是比任用比较有才的人好一点的。可是，说真话，在卑污的时代中，有才干的人是比有德之人较为有用的。在政治常务上，用人应求其资格一般者，这是真的；因为，如有破格用人之举，则被用的人不免嚣张，而其余的人也会怨愤，因为他们觉得相同的资历应该得到相同的待遇。反之，在宠幸方面，则由不同的地位经选择而用人是可以的，因为这种办法可使被用之人感恩更深，而其余的人更为殷勤，因为升迁的可能性全在是否得宠上。

对于任何人，在起初的时候不要过于重视，这是一种很妥当的办法，因为如果一开始就对某人非常重视，则以后对他的待遇将难以为继。只受一个人的"支配"（如我们通常所谓）是不安全的，因为这种情形表现出你的软弱，而使丑闻恶名易于传播；因为那些在主人面前不能谏诤或进言的人在主人背后将更乐于批评那些得宠的人，这样一来，主人的荣誉也要受损失了。然而，受多人的影响是更坏的。因为这种情形使为主人者听从最后的一个进言者的话，而自己毫无定见，多会变更。采纳少数朋友的忠告永远是明智的，因为旁观者常比当局者看得清楚，而峡谷更可以显高山。古人喜夸的那种友谊，世间是很少的，尤其在地位平等之人之间更少。世间所有的友谊都是在上位者与下属之间的，因为这二者是荣辱与共、休戚相关的。

论请人办事者——不合理的事件及计划都有人接手，所以私人的请托滋生着腐败

许多不合理的事件及计划都有人接手，所以私人的请托滋生着腐败。许多很好的事情是由存坏心眼儿的人办理的，我的意思是不止败坏的心眼儿，也包括狡猾的心眼儿在内，就是那种口头承诺而心中并没有实行的意思的心眼儿。有些人答应了替人办某种请托的事，心里却并没有切实去替人办事的意思。但是一旦他们看见这种事情依靠别人的力量而有希望成功的时候，他们就极想得到那请托者的感谢之心，要

使那人相信他们真替他办过事，或者得到一部分的报酬，或者至少在这件事情还没决定的时候利用那请托者的希望。有些人接受人家的请托，专为可以借此阻挠另一个人，或者借此为由可以扬某人之恶，到这些事情办成之后，那原来的所请所托之事的成败是他们毫不关心的。或者，就一般言之，这些人之所以答应替别人办某项请托之事不过是利用别人的事为自己的事做一种过渡的桥梁而已。甚至还有些人答应替人办事，而满心要这事不成，为的是这么一来可以取悦于那人的仇敌或竞争者。无疑地，在每种请托之中，总不免有是有非。如果是为争讼的请托，其中必有曲直之别；如果是图升迁的请托，其中必有才与不才之别。假如一个人因为受了感情的驱使而在诉讼之中偏向不直的一方，那么，他最好利用他的影响为两方和解，而不要把事做绝。假如一个人因为受了感情的驱使而在仕途中偏向那较为不才的一方，那么，他最好不要为了要提拔没有才能的人而去诋毁那些有才能的、应该得到提拔的人。

　　遇到自己没有把握的请托之事，最好去请教一位忠实而有见识的朋友，这个朋友可以说出来究竟这种请托之事是做得还是做不得，但是这种顾问须要审慎选择，否则要受骗的。有所请托的人如果受了迟延和欺骗，必深恶痛恨，因此，如果在初次来请求的时候就明白地告诉他说你不愿意办这件事，又如果替他办事，在事情进行的时候把实情告诉他而不加粉饰或夸张，在事情成了以后除应得的报酬以外不再需索，这样的举动现在竟不只是正当的而且是很值得感激的了。在请求恩遇之中，原先来请求应该是没有什么关系的：有一点关于这人对我们的信任的事，却不可不留意。就是，假若这人告诉了我们一个消息，这个消息除了他，我们是无从由别的方法得到的，那么我们就不可白白地利用人家的消息，而应当给他一些报酬，并且给予他自由，让他设法走别的门路去图谋他所求的事情去。不知他人所求的事物的价值者是不智的，一如不知谁应该得到那所求的事物者之为无良。在请托之中做事机密是成功的一个很好的方法，因为自行声张说某项请托进行得如何如何顺利，虽可以挫一挫他人的锐气，但是也会刺激并引起另一个请托者的反击。但使所请托之事适得其时，那才是主要的。所谓得时者，所取的时间不但是要合乎请托的人的要求，而且要能使你自己免去他人从中破坏、阻挠的危险。在选择替自己办请托之事的人的时候，最好选用那最适宜于那种事的人而不要倚仗那些最显赫的人，选用那专办某种事的人而不要用那些包揽一切的人。如果一个人初次的请托被拒绝了，而他既不沮丧也不愤懑，那么，他下次再有所请的时候其所得的补偿将与初次所请的一样的好。假如一个人是得宠的，那么"所请逾量，为的是所获可以适量"是一条好规则；否则最好渐渐地提高自己的请求，因为假如一个人初次来向我们寻求帮助，我们也许会拒绝他；但是假如他已经从我们这里得过许多好处，那么以后我们就不大愿意拒绝他，恐怕既失这个人的好感与拥护，又抹杀旧日对他的好处。通常以为向一位大人物求一封荐书，是最容易不过的请求，然而，假如写这封信的理由是不正当的，则于写信的人的名誉也是有妨碍的。再没有比如今这些替人奔走，包揽请托的人更为恶劣的了，因为他们只是一种妨害公务的毒药瘟疫而已。

论礼貌与仪容——那完全靠着本身的真价值的人，
必须有崇高的才德才行

　　那完全靠着本身的真价值的人，必须有崇高的才德才行，就好像那不要衬托而镶起来的宝石必须要是很宝贵的才行一样。但是假如一个人肯好好注意的话，他就可以看到在赞扬、称许之中其情形也和生财取利是一样的。因为，这个成语是真的，就是，"小利可以生大财"，因为小利来得很频繁，而大利只是偶尔一来而已。同理，小小的举动常得大大的称许，因为这些小举动是常有而且常为人所注意的：而任何大才德之得以自现的机会则如同节日一般，是很少的。因为这个缘故，一个人若有好的仪容，那是于他的名声大有裨益的，并且，正如女王伊丽莎白所说，那就"好像一封永久的荐书一样"。要得到好的仪容，只要不藐视它们就差不多行了，因为一个人只要不藐视仪容，他自然会从别人身上留心观察到这些事，其余的让他自己相信自己就行了。因为假如他过于做作，要表现好的仪容，那他就要失去仪容的优点，这种优点就是要自然、无伪。有些人的举动好像一行诗，其中的每个音节都是数过的，这样一个过于分心在小节上的人如何能成大事呢？全不讲求礼仪就等于教别人也不要讲求礼仪，结果是使人对于自己减少尊敬之心，尤其是在与生人交往或办理正事的时候更不可不讲礼节。但是专讲礼节，并且把礼节推崇到比月亮还高的地位，那不但是繁冗可厌的，并且还会减少人家对言者的信任。当然，在辞令之间有一种表达切实动人的言语的方法，假如一个人能够获得这种方法，它是特别有用的。

一个人在同辈之中要想有好的人缘，就要矜持一点才好。在下属之间要想得到尊敬，就亲密一点好。任何事情里头都有他，以致惹人厌倦的人是自轻自贱的。拿自己的力量去替人办事是好的，只要显出我们这样做的动机是出自对某人的尊重，而并非因为天性使然就行了。通常在赞同别人的话的时候，却要附加一点自己的话：例如你赞成他的主张，可是要稍有分别；你愿意附议他的提议，可是要带点条件；你赞成他的议论，可是你自己还要加上点别的理由。需要注意，不可过于擅长恭维，因为如果这样，则无论他们在别的方面是怎样的能干，忌妒他们的人一定要加以善谀的恶名，为他们的大德之累的。在事务中过于多礼或者过于注重小节也是有损的。所罗门有言："看风的人将不能下种，看云的人将不能收获。"智者造机会。人们的举止应当像他们的衣服，不可太紧或过于讲究，应当宽舒一点，以便于工作和运动。

论称誉——称誉是才德的反映，但是它像
镜子或其他映影的东西一样

称誉是才德的反映，但是它像镜子或其他映影的东西一样。如果它来自于俗人，那它就多半是虚假而无价值的。称誉是随着妄人而不随有德之士。因为流俗之人是不懂得许多出类拔萃的美德的。最低级的才德能赢得他们的称誉；中等的才德能在他们心里引起惊讶或艳羡；但是对于最上等的才德他们就没有识别的能力了。唯有表面上的表现和假冒的才德乃是最受他们欢迎的。名誉的确好像一条河，能载轻浮、

中空之物而淹没沉重、坚实之物。但是假如有地位和有见识的人同时称誉某人，则有如《圣经》所谓的"美名有如香膏"了。香膏的香气播满四周而且不易消逝，大概是因为它的香气比花卉的香气耐久。

可以恭维人的假原因太多了，所以一个人怀疑人家的称誉是有理由的。有一种称誉只是出自谄谀，要是说话的人是一个普通的谄谀者，那么他就会有几种普通的套话，对于谁都适用的；要是他是一个奸猾的谄谀者，那么他就会模仿"谄谀者之王"，一个人的自我，一个人自以为最长于某事，或最富于某种美德，那奸猾的谄谀者就会在这些地方竭力奉承他；但是假如他是一个大胆的谄谀者，他就会找出一个人自己感觉最有缺陷的地方，自己深以为耻的地方，而坚持地说他在这些地方很有长处，"藐视他的自觉"。

有些称誉是出自善意与尊敬的，这种称誉是我们对帝王或大人物们应有的礼仪，这就是"以称誉为教训"。就是，对某些人说他们是如何如何的时候，实际就是告诉他们应当如何如何。有些人受称誉其实是被人恶意中伤，为的是好引起别人对他们的忌妒心，"最恶的仇敌就是那些恭维你的仇敌"。所以希腊人有句俗语："被人恶意恭维的人鼻子上要长小疮。"就好像我们的俗语所谓"说谎的人舌头上要长水泡"一样。称誉，用之得时，而且不俗的，确是有好处的。所罗门说："清晨起来，大声称赞朋友的人，就等于是诅咒那个朋友。"把人或事过于夸大，必要激起反对，招致忌妒与轻蔑。至于一个人自夸自赞，除了在很少见的情形之中，是不能成为合理的，但如果是自己称扬自己的官职或职业，则可以漂亮地并且带点豪气而为之。罗马的主教们都是些神学家、宗派僧、经学家，他们对于文官事务有一句藐视轻蔑的话，因为他们把一切战争、外交、司法，及其他的世事都叫作"斯比来累"，这句话的意思就是"副州吏之事"，好像所有这些事情都是副州吏和管家一流的人办的事一样。虽然州吏一流的人所做的好事常常比他们的高深的研讨的好处还多一点。圣保罗在自夸的时候，常常加上一句"我说句狂话"，但是在说到他的职务的时候，他就说，"我要荣耀我的职分"。

论养生——知识是最好的养生保健品

养生有道，非医学的规律所能尽。一个人通过自己的观察，他对于何者有益、何者有害于自己的知识，乃是最好的保健药品。但是在下断语的时候，如果说："这个与我的身体不合，因此我要戒它"比说："这个好像于我没有什么害处，因此我要用它"较为安全得多。因为少壮时代的天赋的强力可以忍受许多纵欲的行为，而这些行为就好比记在账上，到了老年的时候，是要还的。留心你的年岁的增加，不要永远想做同样的事情，因为年岁是不受蔑视的。在饮食的重要部分上不可骤然变更，如果不得已而变更的话，则别的部分也须要变更，以便配合得宜。因为在自然界和国事上都有一种秘诀，就是变一事不如变多事更安全。把你平日饮食、睡眠、运动、衣服等习惯自省一下，并且把其中你认为有害的习惯逐渐戒绝，但是其办法应当这样，如果你因这种变更而感觉不适的时候，就应当回到原来的习惯上去。因为把一般认为有益卫生的习惯和于个人有益、于你自己的身体适合的习惯分别起来是不容易的。

在吃饭、睡觉、运动的时候，心中坦然，精神愉快，乃是长寿的最好秘诀之一。至于心中的情感及思想，则应避忌妒、焦虑、压在心里的怒气、奥秘难解的研究、过度的欢乐、暗藏的悲哀。应当长存着的是希望、愉快，而非狂欢；变换不同的乐事，而非过赝的乐事；好奇与仰慕，以保有新鲜的情趣；以光辉灿烂的事物充实学问，如历史、寓言、自然研究等。如果你在健康的时候完全摒弃医药，则到了你需要它的时候将感觉医药对于你的身体过于生疏不惯。如果你平日过于惯用医药，则当疾病来时，医药将不生其效。我认为与其常服药，不如按季节变更食物，除非服药已经成了一种习惯。因为那些不同的食物是可以变更体气而不扰乱它的。对于身体上任何新的症候都不可小视，须要向人求教。在病中，主要的是注意健康；在健康的时候，主要的是注意活动。因为那平日使自己的身体习于劳动的人在大多数不很厉害的疾病中只要调节饮食，多调养，就可以好了。塞尔撒斯教人养生长寿之道，最重要的一点就是一个人应当把各种相反的习惯都变换着练习练习，但是在轻重之间却应当稍重那有益于人的一端：禁食与饱食都应当练习，但是宁可稍重饱食；警醒与睡眠都应当练习，但是宁可偏尚睡眠；安坐与运动都应当练习，但是宁可着重运动，诸如此类。塞尔撒斯要不是一位医生而兼哲人的话，专以医生的身份他是永不会说出这种话来的。如他所说的办法，将使天生的体质既可以得滋养又可以增力量。

医生之中有些是对于病人的脾气很纵容、迁就的，以致不能迅收治疗之效；又有些人则是照治病的学理行事，十分谨严，以致对于病者的实情不充分注重。选择医生的时候，最顶好请一位性情适中的，或者，如果一个人没有这样的性情的时候，则在两种人里各取其一而调和之。在请医生的时候，固然要请那出名的好医生，也不可忘了请那个最熟悉你的体格的医生。

论言语——不应以反复善辩见称为有才，
而应以能辨真伪而见称为有识

　　有些人在他们的言论中喜欢以反复善辩见称为有才，却不甚注意以能辨真伪而见称为有识，好像知道应当说什么而不知道应当如何思想是一件可称赞的事情似的。有些人善于谈论某种平常常见的题目，可是缺乏变化，这种贫乏大多令人生厌，而一旦被人发现，则是可笑的。辞令中最可贵者是引起他人的话头的话，以及能节制自己的言语并转移到别的题目上去的那种话。如果能这样，那么这说话的人就可算是舞蹈的领袖了。在言谈之中，最好是有所变化。在当前的所谈之中参以辩驳，在叙事中夹以议论，发问中杂以发抒己见，诙谐中和以庄语，因为一个人若是总在谈论一个题目，如今语所谓"鞭策过度"，则将使人厌倦。至于诙谐的话，则有几种题目应当避免，不可涉及，如宗教、国事、要人，任何人目前的要务，以及任何值得怜悯的事情。然而有些人却一定要锋锐辛辣，伤人之心，以为不如此则显得他们迟钝了，这是一种应当制止的脾气。

童子，少使刺棒，多拉缰绳，即此之谓也。一般言之，人们应当辨别出咸与苦之间的不同。那喜欢讽刺，使别人怕他的语锋的人，将不能不因此而怕那人的记忆，这是一定的。多问的人将多闻，而且多得人的欢心，尤其是如果他能使他的问题适合于被问者的长技的时候，因为这样，他就可以使他们乐于说话，而他自己则可以继续地得到知识。但是他的问题却不可烦琐惹厌，因为那就成了审问者的问题了。一个人还应当注意，务使他人有说话的机会。不但如此，如果有人要霸占一切说话的时间，就应当设法把这种人移开而使别的人发言，就好像乐师们看见有人跳"欢乐舞"跳得过久的时候的所为一样。假如别人认为你知道的事情而你假作不知的话，则以后你所真不知道的事情，人家也要以为你是知道的。关于自己的话应该少说，而且应当谨慎择言。我认得一个人，当他说及他所看不起的某人的时候，常说："他一定是个智者，因为他关于自己有那么多的话说。"一个人称扬自己而不显丑态的唯一的时候，就在他称扬别人的长处的时候，尤其是在所说的长处是他也具备的时候。伤及他人的话应当少说，因为言论应当像一片广田，人可以在里面东西行走；而不应当像一条大道，直达某家的门口。我知道有两位贵族，都是英国西部的人，其中的一位喜欢菲薄他人，但是在家中宴客的时候却总是肴馔极丰的；另外的一位常常问那些曾经与宴的人："老实告诉我，在他的席上没人受他的嘲弄或玩笑么？"对这个问题，那做过客的人就告诉他有某事某事在席上发生了。于是这位贵族就说："我早就料到他一定会把一桌好筵席弄坏的。"慎言胜于雄辩，用适当的话向我们与之交涉的人谈话是比我们言辞优美，条理井然还要紧的。一个人若会说一篇滔滔不绝的言辞，而不善于问答，则显得他的说话迟滞；若善于应答而不能做持久而有始终的言辞，则显得其人的言语之浅薄无力。这就如我们在动物界所见的一样，最不

善走者却最敏于转身，如猎犬与野兔。在说到正题以前叙
述许许多多的枝节话是可厌的；若全然不顾枝节，则又太
率直了。

论消费——特别的消费当以其
原因之价值为度

　　财富的用处是消费，而消费的目的是为了光荣或善举。因此，特别的消费当以其原因之价值为度。如果是为了国家利益，就值得倾家荡产。但是普通的消费则当以一个人的财产为度，并且要管理得宜，使消费不要超出收入，并且要谨防仆役的欺骗。同时，还得观瞻极佳，使实付之款比外人的估计为少。假如一个人仅仅要出入相当，不至贫乏的话，他日常的支出也应当仅及他的收入的一半；若是他要变为富有的话，那他的支出就应当只有收入的三分之一。即使是大人物而躬自检点自己的财产也不算是一件自卑自贱的行为。有些人不肯如此做，其原因不仅是大意，也有因为恐怕检点的结果发现自己已经破产而生烦恼的人。但是如果身体上有了创伤，不检验是不会好的。那完全不会检点自己的财产的人务须要用人得当，还得常常换他们，因为新用的人比较胆小而计谋少一点。那不能常常检点他的财产的人应当把出入的一切数目都规定了。

一个人如果在某一项上消费过多，则他必须要在别的一项上节省。例如他在吃喝上爱花钱，那么他就应当在衣着上节省；要是他在住屋上爱花钱，他就应当在马厩上节省。因为那在每一项上都是花钱很多的人是难免堕入逆境的。一个人在清偿债务的时候，如果过于求速，要一举还清，也会和久欠不还一样地有害的。因为急于求售和多欠利息是一样地不利的。再者，一举而还清了债务的人是会又走入借债的路上去的：因为他一旦忽然发现自己没有债务的负担的时候，就会故态复萌的。但是那一点一点地还清债务的人借此可以学会一种节俭的习惯，他的心理和他的财产将同受其益。有财产需要补救的人是不能轻视小节的，这是一定的。一般而言，与其卑躬屈节以求小利，还不如减少零星的花费较为得体。一个人的经济担负如果是要长久继续下去的，那他就要很小心，不可贸然担承。但是在那些只有一次、没有下次的消费上，则不妨大方一点。

论游历——游历在年轻人是教育的一部分，在年长的人是经验的一部分

　　游历在年轻人是教育的一部分，在年长的人是经验的一部分。还未学会一点某国的语言而即往某国游历的，可说是去上学的，而不是去游历的。少年人应当随着导师或带着可靠的从者去游历，只要那导师或从者是一个懂得所去的国家的语言，并且曾经到过那里的就行。因为如此他就可以告诉那同去的少年在所去的那个国家里何者当看，何人当识，并有何种的阅历训练可得了。如不然者，少年人去到外国将如

鹰隼之戴着头巾，不知怎样往外面看。在航海的时候，除了天和海以外，别无什么可看的，然而人们却常写日记；在陆地上旅行的时候，可观察者甚多，而人们却常省略写日记之举，好像偶见的事物比专心去观察的事物反倒较为值得记载似的，这是很奇怪的。所以日记是应当记的。

在游历中应当观览考察的事物是：君主的朝廷，尤其是当他们接见外国使臣的时候；法庭，当他们开庭问案的时候；还有宗教法院；教堂及僧院，和其中遗留的纪念品；城市的墙垣与堡垒；商埠与港湾；古物与遗迹；图书馆；学院，辩论会，演讲，（如果有的话）；航业与海军；大城附近的壮丽的建筑与花园，武库；兵工厂；国家仓库；交易所；堆栈；马术训练；剑术；军操，以及此类的事物；上流人士所去的戏院；珠玉衣服之珍藏；木器与珍玩，以及任何当地值得记忆的事物。关于这一切，那做导师或仆人的人们是应当仔细访问的。至于那些盛典、宫剧、宴会、婚礼、出殡、杀人以及类似的景象，是无须铭记的，然而也不可把它们忽略了。如果你要一个年轻人把他的游历限于一个小的地域，并且要他在短时间内得到许多知识的话，他就一定非如此做不可。第一，如上所述，在他去之前，他一定要稍会所去的国家的语言。他也得有一个熟习那个国家的情形的仆从或导师。他也得随身带上些描述他所要去的国家的地图或书籍，这些书籍对于他的访问观察将为一种良好的引导。他也应当记日记。他在一个城或镇中不可住得过久，他居留期间之长短应当合乎那地方的价值，但是不可过长。不但如此，当他住在一个城市中的时候，他应当把住所由城市的一端迁移到另外的一端，这样就可增长见识了。他应当和他的本国人分开，不要常常来往，并且在那可以遇见所在国的上流人士的地方吃饭。在他从一处迁往别处的时候，他应当设法得到介绍，可以拜访所去的地方的名人，为的是这人可以在他所想见到或了解的事物上给他帮助。

如此，他就可以缩短他的游历的期间而同时获得不少的益处了。至于说到在游历中应当寻求的友谊，那最有益处的就是和各国使节的书记或私人秘书的交际，如此，一个人虽在一国中游历，却可以吸收关于许多国家的知识。这个游历的人也应当去见各界中在国外有名的名流或巨子，为的是也许他可以看出来这些人的真正为人与他们的声名有多少相符之处。至于争斗，那是必须谨慎避免的。争斗的原因多是为情人、饮祝、座次以及言语的。一个人还应当注意如何与善怒喜争之人交往，因为这些人是会把他卷入他们自己的争斗中的。一个旅行者回到本国之后，不可把曾经游历的国家完全置之脑后，而应当与他所结交的最有价值的异国朋友继续通信。再者，他的游历最好是在他的谈话中出现而不要在他的服装和举止中出现，而在他的谈话中他也最好是审慎答问而不要争先叙述他的游历。此外，他应当让人家看他并不是以外国的习惯来替代本国的习惯，而仅仅是把他从国外学来的某种最好的事物移植入本国的风习中而已。

论建房——建房子首要应考虑其实用性，
然后再顾及其美观性

　　建房子是为了居住，而不是为了观赏，所以建房子应首先考虑其实用性，然后再顾及其美观性，如果既美观又实用那自然更好。只讲究美观的建房设计应该留给诗人，因为诗人们善于用很少的花销建造富丽堂皇的魔宫。把一幢漂亮的房子建在糟糕的环境中不啻是让自己住进牢笼。我说的糟糕环境不仅是指空气有害于健康之处，而且也指空气流通不均匀的地方。如世人所见，许多漂亮的住宅都建于四周有山峦环绕的一盆地中之较高处，可太阳的热量在盆地里不易散发，风聚盆地也易如水集低谷，结果居者会感到骤冷骤热之巨大温差，仿佛是居住在几个不同的地方。使一地不宜建房的原因不仅有空气之恶劣，还有交通之不便和购物之困难，而如果你愿意听从莫摩斯的意见，那有坏邻居的地方也不宜建房。另有诸多不宜因素，我在此就不详说，如雨水缺乏，林木稀少，土壤贫瘠，地形单调，无可观之风景，无开阔之平地，无逐猎、放鹰、跑马之适当场所，离海太远或太近，无通航河流的便利，或有河流泛滥的隐患。

此外，如若离大城市太远，可能妨碍工作；但如果距离大城市太紧，则可能面临都市物价昂贵，及房产难以购置的问题。以上不利因素也许不可能完全避免，但最好对其加以考虑，以便在选址时能尽可能多地获得有利条件，而且一个人要是有若干居所，他也可以照此考虑加以安排，从而使一处欠缺的条件可在另一处得到弥补。当年卢库鲁斯的一番话就很能说明问题，那是在庞培参观他一处私宅的时候，庞培见那所房子有高大壮观的门廊和宽敞明亮的房间，就说："这真是一座避暑别墅，可你到了冬天怎么办呢？"卢库鲁斯答道："难道你以为我不如一些鸟儿聪明？连它们在冬天快来时也会挪窝。"

从建房选址谈到建房本身，笔者欲采用西塞罗谈演讲艺术的方法，西塞罗曾写下三本《论演说艺术》，又写了一本《演说家》，前者论这门艺术的基本规律，后者则谈演说之实践。所以笔者欲在此描绘一座豪华宅邸，以期创造出一个简明的样板。须知在当今之欧洲，连在梵蒂冈宫和埃斯科里亚尔宫这等宏伟的建筑里也难觅一个非常漂亮的房间，这种情形实在令人奇怪。

所以我首先得说，如果你想建造一座完美的府邸，那这府邸就必须得有两个分开的部分，一是《以斯帖记》中所述的那种设宴场所，另一个是家人居住之所。前者用于宴请，后者用于居家生活。我认为这两个部分不一定非得是侧厅，亦可是建筑正面部分，虽说内部布局不同，但外墙造型同一。这两部分可位于建筑正面居中的塔状主楼两边，看上去像是壮观的主楼将两部分连接在一起。在宴会厅一侧朝外的楼上，我喜欢设计一间宽敞的大厅，约12米高，楼下应有一个可用于化妆或准备的房间，以备举行演出等活动之用。而另一侧，也就是居住的一侧，我希望首先隔出一个客厅和一间祈祷室，二者均应整洁而宽敞，但不必占据该侧的整个长度，而应在远端布置出两个分别供冬、夏使用的小客厅，两厅都须布置优雅。在这些厅室下面应有一个漂亮而宽大的酒窖，此外，还应有几间专用厨房、食品贮藏室和配餐室。至于正中塔楼，我认为它应比两侧翼楼高出两层，每层高度为4.8米，应用上等铅皮铺屋顶，屋顶周围应有栏杆，栏杆柱上应间隔相宜地装饰雕像。这塔楼也应按可想到的用途隔出房间，亦有楼梯上楼，楼梯可采用绕墙旋转式样，配以古铜色的雕木栏杆，而且顶端有非常漂亮的楼梯平台。但采用这种楼梯就不能把下层的任何一个房间作为仆人的餐室，不然有时你吃过饭后又得陪着仆人再吃一顿，因为这种楼梯就像烟囱通道，饭菜的气味会顺着楼梯上飘。关于房子的正面部分就描绘到此，只是我认为第一段楼梯的高度应为4.8米，这也是底层房间之高度。

穿过这正面部分应有一个漂亮的庭院，庭院其余三面的房屋应远低于正面建筑。该庭院的四角有美观的楼梯，只是这些楼梯只连接外凸的角楼，而非通往建筑本身。那些角楼不可与正面的塔楼一般高，而应与庭院周围的低矮房屋形成一定比例。庭院的地面不宜用砖石铺就，因为砖石会使院内夏天过热，冬天过冷。除了四周院中的小路之外，其余地面均应铺草坪，而且草坪应经常修剪，但不要剪得过短。靠宴会厅一侧的厢房可以全部用来做陈列室，这排厢房要显得壮观，而且应有三五个等距的穹顶，还要有图案各异的彩绘玻璃窗。居住区一侧的厢房可设计一些会客的厅堂，另外设计若干卧室。这左右两边的厢房和与主楼相对的那些配套房屋都应隔成内外层，单面采光。这样，无论上午或下午都可拥有不受日光直射的房间。而且，还可以按照冬夏不同的需要设计出不同的房间，让夏天的房间多一些阴凉，冬天的房间多一点暖意。不要像有些人将一栋漂亮的房子装满玻璃窗，那会叫人不知往何处躲避日晒或寒冷。至于凸窗，我认为非常适用，可作为朋友聚谈之僻静之处（当然，在城里建房得考虑临街一面的统一性，故采用平窗更为合适）。另外，凸窗还可避开日晒风吹，射入室内的阳光或穿堂而过的风都几乎对其没有影响。不过凸窗宜少不宜多，上述庭院中可有四扇，分设于两边的厢房内。

穿过这庭院还应有一个内院，其面积与外院一般大，地面亦与外院水平，周围房屋前环以花园，花园内圈设漂亮的拱形回廊，回廊应与二楼一般高，朝向花园的下层应建成洞穴式的消夏避暑之处，洞口或窗户均应朝向花园，并高出地面以避潮气。此院之中央应有一座喷泉，或是一组精致的雕像，院内地面亦铺草坪，唯有砖石、小径纵横其间；两边的厢房可做专用客房，底端的一排则作为私人画廊，不过应想到把其中一单元留做医疗室用，以防府邸主人或某位贵宾突然犯病。此医疗室应设在二楼，有卧室、接见室、候见室及内室与之相连。这排房子的一楼和三楼都应有一个用石柱支撑起来的外凸的阳台，以便观赏风景和呼吸花园的新鲜空气。在左右与两侧厢房相接的两角上，应有两座华美的楼阁，地面铺就精美的花砖，墙头装饰着艳丽的挂毯，窗户装点水晶玻璃，上方是富丽堂皇的穹顶，另外配以其他所能想到的优雅装饰。如果条件允许，我还想要几股清泉从上层露台的墙体不同处喷涌而出，并配以精巧的出水口。以上便是这座府邸的大致模样，不过在进入这座府邸前，还得穿过三个庭院：第一个是铺就绿草并围以垣墙；第二个与第一个相似，但可在垣墙上点缀一些小角楼，或只对垣墙稍加装饰；第三个庭院与建筑正面围成一个正方形，但两边没有房屋或垣墙，而是围以造型优美的阶梯式样的露台，露台内侧建造柱式的回廊。至于马厩和洗衣房等配属的建筑，应将其建在稍远的地方，由一些简易走廊与府邸相连。

论园林——庭院雅趣，是人类最高尚的
娱乐之一，是陶冶性情的最好方式

万能的上帝是园林的创造者。而庭院雅趣，也是人类最高尚的娱乐之一，是陶冶性情的最好方式。如果没有园林，即便有高墙深院、雕梁画栋，也只见人工的雕琢，而不见天然的情趣。

文明的开端，始于城堡的出现。但高雅的文明，肯定伴随着美丽的园林。

在我看来，在园林中，定要建造四季都有花朵开放的花

圃，使一年都有鲜花。还必须有四季常青的植物——冬青、忍冬、长青藤、月桂、松柏、长春花，还有各种果木——桔、柠檬、香橙，等等。在一月至二月，要适时栽种核桃，还有水仙、百合与白头翁。三月要种紫罗兰、小雏菊、桃李和玫瑰。四月栽种樱草、百合、迷竹香、牡丹、忍冬、樱桃花、梅和丁香。五、六月种石竹，各种玫瑰、草莓、无花果、覆盆子和百合草。七月种芸香、早梨、苹果和桃子。十月至十一月采收枸杞、西洋李和橡子。不过，我这只是就伦敦的情况而说的。读者应该因地制宜，使你的园林四季常青。

当微风吹过花丛，送来阵阵浓郁的芬芳，这种感觉美妙得像天上的仙乐。所以欣赏花草要比采摘它们感觉好得多。为此就必须了解，各种花朵不同的香性。浅红和深红的月季，香味不易发散。月桂也是一样。所以即使你去嗅它，也闻不到香味。香薄荷的花也是如此。最香的花是紫罗兰，尤其是白色双瓣的那种，它每年开花两次，一次在四月，一次在八月，其次是香蔷薇。还有杨梅在叶子枯萎的时候，也会发散出宜人的香气。有些藤类，如葡萄花也很好闻。此外还有紫罗兰属的花。以及菩提花和忍冬草。豆类的花，虽然更适合种在田野，但它们也有香气。

花园的面积，至少也要三十英亩。可以分为三个区域：草坪区、灌木区、花圃。园中应当辟出行走的小道。我设计的草坪面积占四英亩，灌木区六英亩，园圃十二英亩。其他地面四英亩。草坪同样可以使人赏心悦目。它应当经常修剪整齐，中间开出一条散步的蹊径通向花园。路的上面，可以架起木棚，以免夏日的暴晒。花园中是否必须修建花坛呢？这一点我认为并不那么重要。花园的主园最好采用正方形，四面环以篱垣。篱垣上可以建精致的木制拱门。拱门上可以再装修一些美丽的饰物——如五颜六色的玻璃。

围墙内土地的布置，每个人可以别出心裁。我的意见不过是参考。但不管怎样设计，首先不要过于雕琢。园的中央可以修一座小山，高度在三十尺左右。园中还应造几间休息的客房。对于园中的喷池，要特别精心设计。以下一点尤其要注意到，就是水塘容易寄生蚊蝇。

我认为喷泉的设计可以考虑如下两种：一种是喷池，一种是石砌的清池。在第一种池中，可以装饰现在很流行的那种铜像。水应当是活水，以免日久腐臭。后一种水池，池底可以用石块砌出精致的图案。不要用来养鱼，也不要有泥沙。最重要的水必须是活水。至于喷泉的形式和喷水的样式，不必太过在意。

除此之外，我们还应当重视灌木林区的设计。我认为风格不妨粗犷。我不主张多种大树，而要多栽丛林。里面还可以种野藤和有香花的灌木。形态要自然和多样。地面不妨略有起伏。但是对这里的植物也要经常修整，不要听其自然生长。至于园中的空地，可以作为小路，要幽静，要遮阳，并且还应当避风，以利主人散步。路上可以铺细石，但不要任其滋生杂草，以免晨露湿人鞋袜。沿路边应当栽种果树。还可以沿途堆几座假山，使登上山顶就能俯瞰全园和田野。

园中最好辟出一两条精致的小路。沿路也要栽好看的花树，并且使树枝遮挡成荫。还应当修几座凉亭，供人行走参观时小坐。园中的设计不要过于堵塞，要开阔、明快。我认为不一定要专门开辟养鸟区。而且最忌讳鸟粪遍地，污秽袭人。

以上就是我认为比较理想的园林设计。这些论述有的出于我的想象，有些出于我的规划，不可能完美无缺，而只是一个粗放的轮廓。

建造这样一座园林是需要很大的开销，但对于贵族这点开销并不算什么。以往他们只是听取一些工匠的意见。花了同样的费用，却没有理想的整体方案。虽富贵，却显得庸俗，这恰恰是园林艺术的大忌。

第四部分

培根论政治

论高位——居高位的人是三重的仆役：君主或国家的仆役、名声的仆役、事业的仆役

居高位的人是三重的仆役：君主或国家的仆役、名声的仆役、事业的仆役。所以他们是没有自由的，没有个人的自由，没有行动的自由，没有时间的自由。因寻求权力而摈弃自由，或寻求凌驾他人的权力而失去统治自己的权力，这一种欲望是一种可异的欲望。要升到高位上，其经过是很艰难的，但是人们却要吃许多苦以取得更大的痛苦；要升到高位上，其经过有时是卑污的，然而人们却借着卑污的手段达到

尊严的地位。在高位上居留是很不稳的，其退步或是覆亡，或者至少是声名暗晦——那是一件很可悲的事。"当你到了今日之我、非复昔日之我的时候，就没有再要活下去的理由了。"然而事实却是，人们在愿意退休的时候往往是不能退的，而在应该退休的时候却又不肯退。即便在年老多病之时，他们也难舍高位的风光，需要隐居的时候亦复如此。就好像有些城里的老头儿一样，总要坐在街门口，即便已是老态龙钟。

居高位的人们需要借他人的肯定才能以为自己是幸福的，因为若是他们依着自己的所感来判断，他们就不会发现自己是幸福的。但是假如他们自己想一想别人对他们做何感想，并且想到别的人对自己是何等羡慕，那么他们就认为自己确实快乐了，但在内心中也许正是相反。因为这些人是首先发现他们自己的忧患的人，虽然他们也是最后才看出自己的过失的人。

居高位的人们对自我来说是陌生人，在事务匆忙之中，他们是没有时间来照管自己的身体或精神上的健康的。"如果一个人在死的时候，别人过于知道他，而自己不知道自己，那么死亡之降临可真是一桩大祸了。"在高位之中有为善与为恶的自由，而后者乃是一种可诅咒的自由：因为谈到作恶最好是不愿意，其次就是不能够。但是能有做好事的权力那才是真正的、合法的希望之所系。因为好意，虽然上帝接受，然而对于世人，要是不实行出来，则不过如好梦一般而已；而要行好事就非有权有势，有一种居高临下之势不可。功与德乃人类行动之目的，有了这两样才是令人自足的成就。因为，如果一个人能够参与上帝的剧场，那么他也可以参加上帝的安息了。"于是上帝转身看他创造的一切，看见它们都是很好的"，此后就是安息日了。在执行你的职务的时候，在你面前要有最好的模范，因为模仿就等于是一套箴言。以后，你也可将自己的模范放在面前，并且严格地自检，是否你从前做得好而现在退步了。也不要忽视从前那些在同样的位置而不称其职的人的例子，这并非是要用诋毁前人的名声的方法来显出你自己的优越，而是要指导你自己，当以何者为戒。因此，你应当不带着欺凌、毁污前代或前人的意味而改革以往的不善，同时也要给自己立规矩，不但要仿效，而且还要创立好的先例。你须要把事物追究到最早的起源，并且考察它们是因何以及如何退化的，但是仍要向古今两个时代都去求教：向古时要问何者是最良好的；向现时要问何者是最适当的。你要努力把你的行事之道做得很有规律，前后一致，如此，他人便可以知道他们可以预期什么。但是也不要过于一定或确凿，并且在你违背那常规的时候要把自己所以如此的缘由解释得清清楚楚。保持你自己的地位应享的权利，但是不要引起法律上关于此点的争论：宁可静静地在事实上享这种权利，而不要用索要和强争的手段去公开吵闹。同样，保持下属的权利，并且以居首指挥为荣，而不要以参与一切为荣。在执行职务上欢迎并请求帮助和忠告，不要把带消息给你的人认为是好管闲事者而逐之使去，相反，要好好地接待他们。

位高权重主要有四大弊端：迟延、贪污、粗暴与欺骗。关于迟延，应使人易于得见，严守约定的时间，当前的事应立即做完，并勿以不必要之事掺杂其间。关于贪污，不仅要约束自己的手和仆役的手，不接纳贿赂，还当约束有所请求的人们的手，防止他们呈献贿赂。因为一个人自己实行的节操是约束自己和仆役的，而宣扬出去的节操，再加上公开的对贿赂的厌恨，则是约束他人的。为官者不但要杜绝受贿，还要避免有纳贿之事实，而且是纳贿之嫌疑。一个人要是被人认为反复无常，或者无明显的缘故而公开地变更了，就要招致贪污之嫌疑了。因此，无论何时，当你变更你的主意或行事之道的时候，都要把这件事公开地承认了，并把这件事和使你变更的理由宣之于众，不要想偷偷摸摸地做了而不声张。一个仆人或亲信，假如他仅仅是与你亲昵而没有显然的可称之处，就要被人认为是暗行贪污的一条门路了。至于粗暴，那是一种不必要的招怨之道。严厉生畏，但是粗暴生恨，即在公事上的谴责也应当庄重而不应当侮辱、嘲弄。至于易欺，那是比受贿还坏的。因为贿赂不过是偶尔的，但是假如屡请和无理由的顾念可以打动一个人，那么这个人就永不会没有这种情面事了。如所罗门所言："看情面是不好的，因为这样的人是会为了一块面包而枉法的。"

古语说得极是："地位显出为人。"地位显出有些人的长处，也显出有些人的短处。"假如他从来没有做过皇帝，公意也要说他是适于做皇帝的。"这是泰西塔斯说嘉尔巴的话。关于外斯帕显他却说："外斯帕显是唯一一个因为有了权力而人格增进的皇帝。"——前一句话是关于统治的能力的，而后一句是关于仪容及感情的。一个人因有权位而人格增进，这是他的人格高尚而宽宏大量的确证。因为权位是，或者应当是，德能之所在。如在自然界一样，事物向它们的位置动的时候，其动甚烈，而在它们的地位中动的时候其动甚和缓，所以德能在努力上达的时候是猛烈的，而在当权的时候是安稳平和的。一切上跻高位的行动都像登一条迂曲的楼梯一样，若遇有派别的时候，一个人最好是在上升的时候加入某派而在已腾达之时保守中立。对待前人的遗名当公平而爱护，因为假如你不这样做，那么这就不啻是一种债务，将来你离任的时候人家一定要偿还你的。如果你有同僚的话，尊重他们，并且宁可在他们并不想被召的时候召请他们，而不要在他们有理由希冀被召的时候拒见他们。在谈话和私下答复请求者的时候，不要过于自觉或过于记得你的地位；相反，最好让人家说："他在执行职务的时候是另一个人。"

论贵族——一个完全没有贵族的君主国
总是一个纯粹而极端的专制国

关于贵族，我们将先以之为国家中的一个阶级，再以之为个人的一种品质而论之。一个完全没有贵族的君主国总是一个纯粹而极端的专制国，比如土耳其。因为贵族是调剂君权的，贵族把人民的眼光引开，使其多少离开皇室。但是说到民主国家，它们是不需要贵族的，与有贵族的国家相比，它们通常是较为平静，不易有叛乱的。因为在民主国中，人们的眼光是在事业上而不在个人上的，即便眼光是在个人身上，也是为了事业的缘故，要问某人之适当与否，而不是为了标志与血统的。我们看得到瑞士人的国家能持久，虽然他们国中有很多宗教派别，而且行政区也不一致，但就因为维系他们的是实利而不是对在位者个人的崇仰。荷兰合众国政治很优良，因为在有平权的地方，政治上的集议是比较重事而不重人的，并且人民对于纳税输款也是较为乐意的。一个巨大有力的贵族阶级增加君王的威严，可是减少了他的权力；使人民更有生气，更为活泼，可是压抑了他们的福利。最好，贵族不要高出君权或国法之上，同时却要被保持在一种高位上，使下民想犯上的时候，那种桀骜之气，必得在过速地达到人君的威严以前，先与贵族冲撞，如水击石而分散其势力是一个道理。贵族人数众多则国贫而多艰，因为这是一种过度的消费，并且，贵族中有许多人在经过相当长的一段时间后必然变为贫乏，结果在尊荣与财富之间将造成一种不相侔的情形。

至于个人之身为贵族者——我们看见一座古垒或建筑物依然完好，或者一棵好树坚实而完美的时候，总觉得那是一种令人生敬的景象。同样，要是见到一个曾经度过时间的风浪的古老贵族之家，其可敬之甚较上述者又当多出若干。因为新的贵族不过是权力所致，而老的贵族则是时间所致。头一个升到贵族阶级的那些人多是比他们的后人富于才力而不如其纯洁的，因为很少有能够腾达而在手段中不是善恶交混的。但是这些人留给后代的印象只有长处，而他们的短处，则与身俱灭，这也是合理的。生为贵族，多半是轻视劳作的，而自己不勤劳的人是要忌妒勤劳的人的。再者，贵族中人不能再升到多高的地位去了，而那自己停留在某种地位而目睹他人上升的人是难免心生忌妒的。在另一方面，贵族身份能消灭别人对他们的那种消极的忌妒，因为贵族中人好像生来就应享某种荣华富贵似的。无疑地，为人君者，在他们的贵族中若有人才而能用之，则他们将会很安心，并且国事也会很顺利地进行，因为人民会很自然地服从他们，觉得他们是生来就有权发号施令的。

论谋反与变乱——最妥善的预防叛乱的方法
就是取消叛乱的根基

政治家必须要知道国家中风波的征兆，这些风波在诸事将达平衡的时候最为剧烈，就好像自然界的暴风雨在将近春分、秋分的时候最为剧烈一样。并且，有如在一场暴风雨之前，有中虚的大风和暗涨的海波一样，国家中也有这样的东西："他（太阳）常给警告，预示暗潮将发，并预示叛逆与潜袭即将来临。"

毁谤与无视法律，背叛国家的言辞，还有那些与之类似的不利国家，广为传播而易为人所信的谣言，这些都是祸乱将来的预兆。委吉尔在叙述谣言之神的家世的时候说她是巨人们的姊妹之一：

"地母因恼怒众神遂生了她——

这巨人族最后的一名——

可亚斯和安塞拉都斯的妹妹。"

好像谣言是以往的叛谋之遗留似的，但是谣言也确实是将来之叛乱的前奏曲。然而委吉尔所看到的也是对的，就是叛乱的举动和叛乱的谣言之间的差异甚少，有如兄弟之于姊妹，阳性之于阴性一样，尤其是在国家最良好的举措，本是最值得称扬，应当得到最大多数的欢心的时候，竟被加以恶意的解释而受诽谤：因为这是表明很大的妒恨之心的，如同泰西塔斯所说的一样："当政府不受欢迎的时候，好的举措和坏的举措同样地触怒人民。"但是因为这些谣言是变乱的征兆，遂以为用过分严厉的手段压制这些谣言就是一种止乱的方法，这也是不对的。因为最好的制止他们的方法是无视这些谣言，到各处去设法禁止他们反而使群疑延长。还有泰西塔斯所说的那种服从是应当提防的。"他们虽是愿意服从的，但是乐于批评而不乐于服从长官的命令。"争论、自恕，对命令和指示加以吹求，是一种脱离羁绊的举动、一种叛逆的试验。尤其当在争论之中，主张服从者出言畏缩小心而反对服从者畅言无忌的时候是如此的。

马基亚维利的见解是对的，他说那应当为民之父母的人君若自成一党，偏向一方的话，那就有如一只因载重不平衡而倾覆的船一样。这在法兰西王亨利第三之世发生过这种情况。因为他自己先加入同盟，要消灭新教徒，此后不久，这个同盟就转过来对付他本人了。因为人君的权威若被造成为仅仅是某一种目的的帮手，并且在君权的维系之上有束缚力更大的维系的时候，那就是做帝王者差不多要受驱逐的时候了。

再者，当冲突、互诟和党争，公开而无忌惮地进行的时候，那就是一种征兆，说明公众对政府的尊敬心已经消失了。因为一个政府里的大人物们的举动应当如老派天文学中所说的第九重天之下的诸行星的动作一样，就是，每个行星受一种更高的动律的支配，很迅速地转着，而在自己的私动中则是很柔和的。因此，当大人物们在私动中变得暴烈，并且有如泰西塔斯的名言，"其自由与臣道不符"的时候，这就足见天体是脱离了常轨了。因为"尊崇"是上帝用来维护人君的，而上帝警告他们的时候说要解除的也就是这个。"我也要放松列王的腰带"就是指的这个。

因此，当政府的四大柱石（那就是宗教、法律、会议和财政）中的任何一个大受动摇或变为软弱的时候，人们就不得不祈祷上天赐予平和的天气了。但是我们现在且离开这关于预兆的一部分而先说叛乱的材料，再说它们的动机，然后，再谈防止之道。

关于叛乱的根基。这是很值得考虑的，因为最妥的预防叛乱的方法（假如时代允许的话）就是取消叛乱的根基。因为要是有了预备好的柴薪，那就说不定那要使它们燃烧的火星子是要从哪一方面来了。叛乱的根基有二：多贫与多怨。有多少破产者就有多少喜乱者，这是一定的。鲁侃对于罗马在内战前的情形说得很对，他说由于高利贷侵吞了人民的财产，所以战争对负债者来说，是一种解放，是于多人有利的。

这个"于多人有利的战争"就是一种确实无讹的征兆，它表明一个国家将有叛逆和变乱。并且假如这种上流阶级的贫乏与破产和普通人民的穷困连在一起的话，那么祸患是近而且大的。因为肚子的作乱是最厉害的作乱。至于怨愤，它们在政治团体之中就有如人的肉体中的体液一样，它们是会聚积一种异乎寻常的"火"而发炎的。为人君者切不可以这些怨愤之正当与否为衡量这种危险之大小的标准：因为那样就是把一般人想象得过于合理了，而他们其实是常常会拒绝那些于自己有益的事物的。也不可以这个为标准——就是怨愤所自生的痛苦在事实上是大是小：因为有几种怨愤中的畏惧之情远超痛苦之感，这种怨愤是最危险的。"痛苦是有限制的，而恐怖是无限制的。"再者，在严厉的压迫之中，那激刺人的耐性的事物同时也能制伏勇气；然而在恐怖之中则不然。任何君主或国家都不要因为怨愤常有或久有而认为其并无危险发生，因此对之不加提防。固然每一股水汽或雾气不一定就成为暴风雨，然而暴风雨，虽然往往搅扰一阵就过去了，可是终究要大下一场的，西班牙有句俗语说得好："绳子终究要被最无力的拉扯弄断的。"

叛乱的原因和动机是宗教改革、赋税、法律与风俗的变更、特权的废除、普遍的压迫、小人的擢升、异族的阑入、饥馑、散兵、趋于极端的党争，以及任何激怒人民并使之为一种公共的目的而团结起来的事物。

关于叛乱的救济，有些普通的预防之策我们再说一说，至于专门的治疗，必须合乎特殊的病症，所以这个不能由理论处理，而必须留给朝议。

第一种救治或治疗的方法就是尽其可能地把我们以上说过的叛乱之物质原因取消，这个物质原因就是国内的贫乏。要达到这种杜绝乱源的目的，就应当采取如下的方法：便利并均衡贸易；保护并鼓励工业；禁除游荡；以节俭令制止消耗与浪费；改良并垦殖土壤；调剂物价；减轻贡赋，以及类似的方法。就一般而论，应当预先注意使国内的人口（尤其是没有受战争的斫伐的时候）过于饱和。人口也不可仅以数目来计算，因为一个较小而消耗过于生产的人口比一个较大而消费低、生产多的人口其破坏国家更为迅速。因此，贵族及其他官爵的人口增加如果超过了与平民的人口增加的正当比率，这个很快地就能把一个国家带到贫困的境地，僧侣过多也是如此，因为他们都是不从事生产的。同样地，当受教育者如果多过了可以养他们的官职的时候，也是如此。

同样值得注意的，就是任何一国的财富之增加都必须靠在外国人方面取利（因为任何事物有得之者即必有失之者），那么只有三种东西是一国可以售与他国的，就是：天然的物产、人造的物品和运输。因此，若是这三个轮子轮转不息，

则财富将如春水一样地流通了。再者，事情往往如此，就是
"工作胜于物质"，即工作和运输比物质更为有价值，更能增
加国家财富，如荷兰人就是很显明的例子，他们是全世界享
有最良好的地面上的矿产的国家。

最重要的要妥筹良策，使国内的珍宝钱财勿入于少数人
之手，不然，一个国家即便有很多财富而仍不免遭受饥饿。
金钱好似肥料，如不普及便无好处。要使它普及，主要就在
禁止或严厉约束那些贪婪的生意，如高利贷、垄断、广大的
牧场，以及类似的生意。

说到消除怨愤或至少消除怨愤的危险，我们知道每个国
家里都有两种臣民：贵族与平民。在二者之中只有一种是心
怀怨愤的时候，那危险是不大的。因为平民若没有上层阶级
的挑拨，是动作迟缓的；而上层阶级，若群众不能或不准备
自己有所举动的话，则他们的力量是有限的。所以当上层阶
级等待着下层民众起了骚动以便明示他们自己的态度的时
候，那就是危险的时候。诗人们寓言说众神想把久辟特困缚
起来，这种图谋被久辟特听见了，于是从帕拉斯之计召百臂
的布瑞阿瑞欧斯来帮助他。这无疑是一种譬喻，是表明为人
君者若能获得一般平民的保护则是平安的。

予人民以相当的自由使其痛苦与不平得以发泄（只要发泄的时候不要过于不逊或夸张）是一种安全的方法。因为那压抑体液及使伤口的血倒流入体内的人是将有恶疡及险疮的危险的。

在与怨愤有关的情形中，埃辟迈修斯的所为是很适于普罗米修斯的。因为再没有比他的所为更好地预防怨愤之法了。埃辟迈修斯在许多的痛苦与祸患飞到外面之后，终于盖上了盖子，把希望留在了箱子里。得宜而巧妙的对于希望的培养及抱持，以及导引人们从这个希望到那个希望，这种办法真是治疗和救济怨愤之毒的最好的良药。而一个政府，当其不能以满足人民的欲望而得人心的时候，若能以使他们有希望而得之，并且当其能办事办得使任何祸患也不能显得全无救济之道，而总要使它显得有解决的希望的时候，那就确实可见其为一个贤明的政府当局了。后者较易做到，因为个人和党派双方都易于阿谀自己，或者至少也易于装出不相信某事是没有希望的样子的。

分裂那些可能不利于政府的乌合之众，使之陷入内部的纷争之中，这种先见和预防是一种虽为人所已知而仍然很优良的警戒之策。所谓适当的首领，就是有大度和大名的人，受心怀不平的党派的信任和尊仰的人，被认为他在自己的利益上也有所不满的人。这样的人应当把他收为己用，或者使他受同党中另一个人的争衡，使其名誉分削。一般地说来，分裂一切将不利于政府的党派集团，使之自相为仇，或者至少互不置信，不能算是一种最坏的治疗怨愤之方。因为假如赞成政府的措施的人们充满了不和或党争，而反对政府者乃是齐心一致的话，那情势就真是危险之至了。

常见有些从人君口中出来的机警锋利的言语曾燃起叛乱之火。恺撒曾以"苏拉不文，所以不会独裁"一语给自己带来无穷的危害，因为这句话使一般希望他早晚会放弃独裁的人完全失望了。加尔巴以"我不收买兵士而征募兵士"一语自戕，因为这句话使兵士们都失去了获得赏赐的希望了。同样地，普罗巴斯以"假如我活下去，罗马帝国将不再需要兵士了"一语自戕，因为这句话使兵士们大为失望，类似者甚多。无疑地，为人君者，在危险的事件上和不安的时代中，须要慎其所言，尤其是这些短短的言辞，它们飞行如箭，并且被人们认为是从君王的私心中无心泄露出来的。至于长篇大论，则是干燥无味的东西，不如这些话之受人注意。

最后，为人君者，为预防一切起见，当在身旁常有一位或数位有勇略的大将，为削除叛乱的萌芽之用。若没有这样的人，则变乱一起，朝廷中即惊惶失措。并且政府所冒的危险将如泰西塔斯所云："虽然很少人敢做这样至丑极恶的叛国之举，但是却有多人愿意这种事实现，而一般人都是准备赞成这件事的——当时的人心如此。"但是这样的军人须要可靠而且有好声誉，不可喜党争而结欢于众，他还须与政府中其他的大人物相得，否则那治病的药就要比疾病本身更为有害了。

论王权——"记住你是个人"和
"记住你是个神或者神的代表"

所欲者甚少而所畏者甚多，这种心理是一种痛苦而可怜的心理，然而为帝王者其情形多是如此。他们因为尊贵至极，所以没有什么可希冀的，这就使得他们的精神萎靡不振；同时他们又有许多关于危难暗祸的想象，这又使他们的心智不宁了。这也就是造成《圣经》中所谓"君心难测"的那种情形的原因之一。因为畏忌多端而没有一宗主要的欲望可以指挥并约束其余的欲望，这种心理会使得任何人的心都

是难以测度的。因此，有许多君王常为自己造欲望，并专心
于细事。这些细事有时是建造一座建筑，有时是建立一个教
宗，有时是擢升一人，有时是要专精一艺或一技，如尼罗之
于琴，道密先之于射，可谟达斯之于剑，卡剌卡拉之于御，
以及类似者皆是也。这对于那些不知道下列的原理的人好像
是不可思议的，这原理就是人的心理乐于在小事上得益，而
不乐于在大事上滞留。我们也常见那些在早年曾为幸运的胜
利者的帝王，因为他们不能永远进取，而在幸运中不得不受
限制的缘故，在晚年变得迷信而且寡欢，例如亚历山大大
帝，代奥克里贤，还有我们都记得的查理第五。因为那一向
惯于进取的人，在后来碰了钉子的时候，不免要自轻自贱、
非复故我的。

现在且说王权的真气质，那是很不容易保持的，因为真
的气质和失调的气质二者都是由矛盾冲突之物所造成的。然
而掺合相反的事物为一事，交换相反的事物又为一事。阿波
郎尼亚斯答外斯帕显的话是满含最好的教训的。外斯帕显问
他："招致尼罗的颠覆者是什么？"他答道："尼罗善于调弦
弄琴，可是在政治上，他把轴栓有时拧得太紧，有时放得太
松了。"无疑地，忽然大施威迫，忽然过度松弛，这种不平

衡、不合时的政策之变换，再没有比它更能破坏威权的了。

近代的讲人君之事者，其智多在巧避与转移临近的危难，而不在坚固合理的，使人君超然危难之上的常轨，这是真的。但是这种办法简直是与幸运之神争短长了。人们也应当小心，不可忽视或容忍变乱的资料渐积，因为没有人能防止那星星之火，也没有人能够看出这火星子将从何方前来。人君事业中的艰难是多而且大的，然而其最大的艰难却常是在他们自己心里的。因为（如泰西塔斯所说）做帝王的人而有矛盾的欲望乃是常事："君王们的欲望多是强烈而又自相矛盾的。"权势的弱点就是想要达到某种目的却不肯忍受那必需的手段。为帝王者必须应付其邻国、后妃、子女、高级僧侣或教士、贵族、第二流的贵族或绅士、商人、平民、兵士。因为从所有的这些方面都可以兴起危难，假如他不小心谨慎的话。

先说他们的邻国。关于这点除了一条永远可靠的定理外，别无普遍的定理可说，因为形势是十分易于变化的。那一条永远可靠的定理就是为人君者应当监视不懈，毋使任何邻国（或以领土之扩张，或由商业之吸引，或用外交的手腕，以及类似的种种）强大到比先前更能为患于本国的程度。要预料并防止这种情形是政府中某项永久机关的工作。在从前三大君主——就是英王亨利第八，法王法兰西斯第一，皇帝查理第五——为欧洲领袖的时候，他们三位之中谁都不能得尺寸之土，如果有一位得着了尺寸之土，其余的两位立刻就要把那种情形纠正过来，其方法或以联盟，或以战争（如果必要的话），并且无论如何决不贪一时之利而与之讲和，其互相监视之严已到如此地步。又奈波尔斯王飞迭南，劳伦斯·麦地奇与卢道维喀斯·斯福尔察（二人都是霸君，一个是佛罗伦斯的，一个是米兰的）之间的那个联盟（即贵恰的尼所谓意大利之保障者）其所为亦与此相同。还有经院学派中某种学者的意见，以为无已成的伤害或挑衅的原因而作战，不能算是堂堂正正之师，这种意见是要不得的。因为敌人虽尚未给我们以打击，但是我们有充分的理由恐惧临近的祸患，这也算是战争的正当原因，这是没有问题的。

至于后妃，她们之中是有残酷的例子的。里维亚因为毒害丈夫而著恶名；罗克撒拉那，梭利满的王后，就是杀害那位出名的王子苏丹穆斯塔发的人，并且在别的方面也曾搅乱其家庭及嗣续；英王爱德华第二的王后在废除并杀害她的丈夫之举中是主要人物。因此，最当防范这种危险的时候，就是当那为后妃者为了要扶立自己所生的孩子而有阴谋的时候，否则就是当她们有外遇的时候。

至于子嗣，同样地，由他们引发的危难其所致的不幸也是很多的。一般地说来，父亲对儿子生疑忌之心的话总是不幸的。穆斯塔发之死（上面已经说到的）对梭利满王室是一种致命伤，因为土耳其王室自梭利满以至今日的王位继承都有不正之嫌疑，恐是外来的血统，因为塞利马斯第二被人认为是私生子。克瑞斯帕斯（一位非常温顺的青年王子）之见杀于康士坦丁努斯大帝，也同样的是他那个王室的致命伤。因为康士坦丁努斯的两个儿子，康士坦丁努斯和康士坦斯，都死于非命。他的另外的一个儿子，康士坦治斯，结局也不见佳。他虽然确是病死的，但是他也是在玖利安努斯起兵之后死的。马其顿王菲利普二世的王子德米垂亚斯之死报在他父亲身上，因为他是悔恨而死的。类似的例子很多，但是为父亲的因这种猜疑之心而得到益处的例子却是很少，甚至没有的。唯有在做儿子的公然举兵反叛的时候，那可算是例外，如塞利马斯第一之征巴亚塞提，和英王亨利二世的三子。

至于高级僧侣，在他们骄纵有势的时候，也可能引发危险，如安塞尔马斯和坎特白雷大主教汤玛斯·拜开提的时代就是这样。这两个人几乎以他们的圭杖与帝王的刀剑相争，然而奇怪的是，与他们抗衡的竟是坚强骄傲的君主，即威廉·鲁夫斯、亨利一世与亨利二世。这种危险并非来自僧侣阶级的本身，而是当他们倚仗国外的势力的时候才有的，或者在僧侣们进来及被选的时候，不受职于君主或任何个人而是由民众选出的，在这种时候，才有危险的。

至于贵族，对他们稍为疏远也不为过。可是压抑他们，也许可以使为帝王者君权更专，但是不甚安全，并且不容易把他心中所欲的事做到。在拙著《英王亨利第七本纪》中常见及此点，即亨利第七是压抑贵族的，因此他的时代乃是充满着艰难与祸乱的。因为那些贵族，虽然仍旧忠于亨利，然而却没有在他的事业上与他合作。因此他就不得不自己来办一切的事了。

至于那第二流的贵族，他们是没有什么危险性的，因为他们是一个散漫的团体。他们有时候也许放言高论，但是那是没有什么大害的。并且，他们是高级贵族的一种平衡力，使之不能增长得过于强大。最后，因为他们是与一般人民最接近的掌权者，所以他们也是最能缓和民乱的。

至于商人，他们可算是"门静脉"，要是他们不繁荣，那么一个国家也许有好的四肢，但是其血管将是空的，其营养将甚为贫乏。加之于他们的赋税很少能于人君的收入有益的，因为他在小处得来的在大处失去了，那就是各项税率固然增加，而商业的总额则减削。

至于平民，除非他们有伟大多能的领袖，或者你对于宗教问题，或他们的风俗，或他们的生计加以干涉的时候，他们是没有什么危险性的。

至于军人，当他们在一起过着团体生活，并且习于赏赐的时候，他们是一个危险阶级。如此的例子我们可于土耳其之亲卫兵与罗马之护卫军见之。但是训练一部分人，并分级予以武装，由好几个将帅统领，并且不加赏赐，则是自卫的举措而不含危险性。

为人君者有如天上的星宿，能致福亦能致祸，颇受尊敬但是没有休息。一切关于帝王的箴言，实际是包含在这两句里："记住你是个人"和"记住你是个神或者神的代表"。头一句话约束他们的权力，后一句话控制他们的意志。

论变更——假如时间会使事物颓败，而智谋与
言论又不能改良，其结局将不堪设想

　　一切生物的幼儿在最初的时候都不好看，一切的变更也是如此。虽如此，但初创家业者总比后嗣强。最初的先例（如果是好的）也是难以效仿的。因为在尚未归正的人心上，"恶"是有一种自然的动力的，这种动力在继续中最强；而"善"所有的却是一种勉强的动力，那动力是在起始时最强的。每一种药无疑地都是一种新创之事，不愿用新药的人就得预备着害新病。大概时间是最大的革新家。并且，假如时

间会自然地使事物颓败，而智谋与言论又不能使其改良，其结局将不堪设想了。

习俗之所立，虽不优良，不失为适合时世，这是真的。长期并行的举动好像是互有关联的，而新的事物则与旧者不甚契合。它们虽有用，可是因为与旧的事物不融洽，所以会引起纠纷。再者，新的事物好像异邦人，很受人艳羡，可是不大得人欢心。这些话当然都对，假如时间是停留不动的。可是时间是动转不停的，所以，固执旧习，其足以致乱与革新之举无异，而过于尊崇古昔者将为今世所僇笑。因此，人们在更革之中最好能以时间为榜样。时间确常经历大事更革，但是它是以安详处之的，并且其来也渐，几乎是不为人所觉察的。如不然者，凡是新的事物都将被认为出乎意料的事物。有所改进就必有所损坏得益的人将以之为幸运，归功于时间；受损失的人则将以此为怨仇，而归罪于行革新之事的人了。还有，除非是极为必要而且显然有益的时候，否则最好不要在国家中试行新政。并且应当注意，须是改革的必要引起变更而不是喜新厌故的心理矫饰出改革的必要来。最后，应当注意，革新的举动虽不一定要拒绝，却应当把它认为是一种嫌疑犯，

不可率尔置信，并且，如《圣经》上所说，我们应当立
足于古道，然后瞻顾四周，见有正直的大道，然后行于
其上。

论国家的真正伟大——在人事中没有比关于一国的力量的真正估计推断更易出错的

雅典人塞密斯陶克立斯在某次宴会上受邀弹琵琶。他说他不会弄琴，可是会把一个小城弄成一座大邦。这句话因为过于归功自己，所以是骄傲不逊的。但是如果一般地用在别人身上，则可算是很庄肃贤明的评论。这句话（再用譬喻的说法引申一下）就可以把从事国政者之中两种不同的才能表现出来。因为，如果把议事和执政的各官真正地观察一下，其中也许可以发现（虽然这是很稀有的）几个能使小国变为大邦，而不能弄琴的人。同时，在另一方面，却可以发现许多巧于弄琴，可是不但不能使小国变为大邦，而且是有相反的能力的人，他们能把一个伟大而兴盛的国家带到衰败凋零的地步。并且，那些堕落的技巧智能，常被许多公卿大夫用以邀宠于主上、钓名于流俗，确是除了"弄琴"之名，别无长处：因为这些技巧智能不过是一时欢乐之资，在会者本人虽可借以炫耀，而于他们所事的国家之幸福与进步，则无所裨益。当然，也有些公卿大夫够得上一个"能"字（即所谓"干才"）。他们能够调理国政，不使陷于危难和明显的困境，可是若要把国家在力量、财富、国运上都增强长大，则他们断断无此能力。现在我们不管做事的人怎么样，且谈一谈事务的本身。就是，国家的真正伟大之处以及达到这种情形的方法。这是一个值得雄王英主常常考虑的题目，为的是他们既可以不至于因为过于相信自己的力量而多事妄为，虚耗实力，又可以不至于因为过于鄙视自己的力量而屈尊以从怯懦畏葸的计议。

一个国家的疆土之大小是可以测量的；其财赋收入之多少是可以计算的。它的人口可由户口册卷而得见，城镇之多少及大小则可由图表而知之。然而在人事中没有比关于一国的力量的真正估计推断更易出错的。基督把天国不比作任何巨大的果核或种子而比作一粒芥子，即是一种最小的种子，但是却有一种迅速发芽及长大的特性与精神。类似，有些国家的疆土很大，可是不能伸张国力或领导他国；又有些国家幅员很小，有如一种躯干微小的植物，然而却能为强大的帝国的基础。

坚城、武库、名马、战车、巨象、大炮等，不过是披着狮子皮的绵羊，除非人民的体质和精神是坚强好战的。不仅如此，若是民无勇气，则兵士数目之多是无关紧要的，委吉尔所谓"一只狼从不介意有多少只羊"就是这个意思。在阿比拉平原中的波斯军有如一片人海，竟使亚历山大军中的将领不免惊惶。因此他们来到亚历山大面前，并建议在夜间进攻。但是他说："我不愿偷取胜利。"结果是容容易易地打败了敌人。阿米尼亚王蒂格拉奈斯率四十万大军驻于一座山头，当他看见那不过一万四千的罗马军向他进攻的时候，他就说笑道："那些人若是使节则太多，若为战斗而来则太少了。"但是，那天的太阳落之前，他发现这些人已经在追逐他并大戮他的军队了。关于数目不敌勇气的例子还有很多，因此我们不妨断言，任何国家若要伟大，其主要之点，就在要有一个善战的民族。"金钱是战争的筋肉",这是句平常的老话,然而若是人民卑污淫靡,其两臂的筋肉无力,则金钱也不能算是战争的筋肉了。因为索伦对克瑞萨斯(当克瑞萨斯为了炫耀他的富有起见把他的藏金给索伦看的时候)所说的话是说得很好的。"陛下,若是另一人前来,他的铁胜于陛下的铁,那么他就要变成这些金子的主人了。"所以任何君王或国家,除非自己的国民组成的军队是优良骁勇的话,最好不要对自己的力量估价过高。在另一方面,那些有强悍好战的臣民的君王则应当知道自己的力量——除非这些臣民在别的方面是有缺陷的。至于用金钱募集的客军(那就是自己的臣民不可靠的时候的助力),所有的先例都证明任何倚仗客军的政府或君主虽然可以得意一时,如鸟之张翼,然而不久将不免于铩羽。

犹大和以萨迦的命运是永不会相合的,同一个民族或国家不会既是幼狮,又是负重的驴子一样。再者,一个困于租税的民族要变为武勇好战,这也是不可能的。经国民同意而征收的租税比仅由掌权者片面征收的租税,减人勇气的影响较少。荷兰的国税就是一个很明显的例子,在某种程度上,英国的特税也可算是一个例子。读者必须注意我们现在所论的是心胆的问题而不是钱包的问题。一样的赋税，不论是经国民同意与否，对于钱包的作用是同样的，但是对于人民的勇气，其作用可就不同了。因此你可以断定，凡是困于租税的人民是不适于建立帝国的。

凡是志欲强大的国家应当小心，不可使国内的贵族和绅士阶级繁殖过速。因为这种情形将使平民变为农奴村夫，使他们意志沮丧，实际上最多成为上流阶级的奴仆而已。这就好像你在丛林中可以见到的情形一样：假如你把小树留得过密，那么你就永不会有齐整的丛林，而只能有矮树野薮。类似，在国家之内，如果上流阶级人数过多，则平民必降为卑下，其结果将至于一百个头颅没有一个佩戴盔的，尤其对于那为军队之神经系统的步兵为然。如此的国家将难以负担庞大的人口。我所谈的这一点，若要找个例子来证明它，那么最好是把英国和法国比较一下：两国之中，虽然英国在疆土和人口方面都不及法国，然而和法国敌对起来，法国却远不能及。这就因为英国的一般民众能成为优良的兵士，而法国的乡农则不能。在这一点上，英王亨利第七的法度（关于这个法度曾在拙著《亨利第七本纪》中详言之）真是用意深远，值得钦佩的。他把田庄农舍都规划齐一了。所谓规划齐一者，就是依他的规定，凡是田庄农舍必须要受一定限度的田地的维持，这限度就在要使那田庄农舍里的人能以生活裕如不至沦入贱役。他这种制度又使耕田的人就是田的主人而非仅仅是雇佣之徒。这样就可以达到委吉尔所形容的古意大利的性质了：

一个因兵强土肥而伟大的国家。

还有一种情形（这种情形据我所知几乎是英国特有的，或者除了在波兰以外，别处恐怕是遇不到的）也是不可忽略的：就是服侍贵族和绅士的都是自由人，而这些人在武事上毫不劣于中产的平民。因此，贵族和上流人士的生活中那种种的荣华豪气，宾客之盛，礼仪之隆，一旦成为风习之后，的确都是很能引人到武功的伟大上去的。反之，贵族与上流人士的生活若是吝啬隐秘，则将使国内的武力大为削弱。

无论用何种方法，必须使尼布甲尼撒梦中所见的王国的躯干强大到能够支持枝叶的程度。这句话的意思就是，皇帝或政府的本族臣民同他们统属治理的异族人民比起来，其多寡须有正当的比例。因此，所有那些使异族人容易入籍归化的国家都是适于成为帝国的。若以为小小的民族，因其智勇绝伦，竟足以征服并保有过大的国度，这种事在短时间内是可能的，但是这样的国度不久将会突然灭亡。斯巴达人对于入籍一事过于严密，因此，当他们守着自己的小小的国境的时候，他们的地位是很稳固的。但是到了他们的国境扩张，枝叶变得为躯干所不能支持的时候，他们就突然覆亡，如风吹果落一样。在入籍这方面，从来没有一国如罗马之易于容纳异族者。因此罗马人的结局也比较好，因为他们成了世界上最伟大的帝国。罗马人的办法是不仅把国籍权（他们叫作市民权）给予愿入籍的人，而且把这种权益极为充分地给予他。这就是说，他们不但把交易权、婚娶权和承继权给予愿入籍的人，而且还把选举权和任官权给予这种人。并且这种的授权其受者不限于个人，一个家族也可以受这些权利。不但如此，一城的人，有时一国的人也可如此得享罗马公民的权利。此外，再加上罗马人有移民殖民的习惯，罗马这个“植物”就由本土而移植到异乡的土壤中了。把这两种制度加在一起，你尽可以说并不是罗马人发展到全世界去，而全世界发展到罗马来了，而这种情形却是大国之道。我曾对西班牙感觉惊异，就是道地的西班牙人如此之少，而何以他们能够占据并统辖这么大的属地呢？但是西班牙本国的疆土的确是一棵大树，较之罗马和斯巴达初起的时候，优胜得多了。并且，虽然他们没有那么容易准人入籍的惯例，可是他们有仅次于这个惯例的办法，就是，在他们的普通兵士组成的军队中所用的人是差不多毫无本国人与异族的分别的。不但如此，有时在他们的最高将领中也有异族人。另外，就西王菲利普所颁的特诏看来，他们现在对于本国人口不足的这种情形似乎是已经察觉到的。

坐着做的，户内的技艺，以及精密的制造（需用手指之巧而不需用臂力之强者）在本性中就与好战的心理不合，这是无疑的。一般言之，所有好战的民族都有点游荡的习惯，爱危险甚于爱劳作。如果我们要他们仍旧保持那种武勇的精神，那我们就不可过于禁制或改变他们的习惯。因此，古代的斯巴达、雅典、罗马，以及其他的国家都蓄养奴隶，让他们从事那些劳作，这是他们那些国家的一个大便宜。但是蓄奴之制已由基督教的教律而大部废除了。最和蓄奴制相近的办法就是把那些技艺大部留给异族人去做（异族人为了这个缘故也易在所在国里容身），而把本国人中一般民众的大多数限于三种工作或职业——耕者，自由的仆役；从事强力健壮的工作的工匠，如铁匠、泥匠、木匠等；正式的军人还不算在内。

　　但是，最重要的是若想要国家强大，威权伸张，则一国之人必须把军事认为举国唯一的荣誉、学问和职业。因为我以上所说的那些事不过是军事的准备而已。但是若没有目的和行动，则准备又有何用？罗缪剌斯死后（这是人家传说或寓言的）给罗马人送来了一个忠告，教他们最要留心武事，若果他们这样做，他们将成为世界上最大的帝国。斯巴达的国家结构是全然（虽然不甚巧妙地）以武事为目的准则而建造组织成的。波斯人与马其顿人在很短的时间内有过这样举国皆兵的情形。高尔人、日耳曼人、戈斯人、撒克逊人、诺曼人和其他的民族在某一时代都有过这样的情形。土耳其人在如今还是这样的情形，虽然已经大为衰颓了。在欧洲的基督教国家中，有这种情形的国家实际只有西班牙一国。但是无论何人，其所最得力者就是平日所最致力者，这个道理太明显了，不必多说，我们略加指点就行了：就是，不干脆尚武的国家是不必希望会突然变为强大的。相反，那些长期尚武的国家（如罗马人和土耳其人之所为）将成大业立奇功，这是历史的最可靠的教训。那些仅仅在某一时期曾经尚武的国家却也曾多半变为强大，而这种强大的情形，是到了后来他们对武事的崇尚与运用已经衰颓的时候，仍然将它作为统治的后盾。

同这一点相连的还有一点，就是，一个国家最好有一些法律或风俗，这种法律和风俗要使他们有作战的正当理由才好。因为人性之中自有一种天赋的公道，除非有一点争战的根据或理由（至少是勉强可以算作理由的话头），他们是不肯加入那凶险甚多的战事中的。土耳其的君主为了作战，常以传播他的宗教为理由。这是一种很方便的，随时可以利用的理由。罗马人虽然在开疆拓土的事业已经成功之后，把这种事认为是统兵将帅的大荣耀，然而他们从未把开拓疆土一事认为是起衅的好理由。因此，凡是志在强大的国家，第一应当有这点性质，就是，对于别国的侮辱和伤害，要敏感，无论这种侮辱伤害是加于边邻，或施于本国的商人或使节的，并且对别人的撩拨，不可纵容过久。第二，他们应当常常准备着对他们的与国或同盟加以援助，如罗马人一样；罗马人的办法是这样的，假令有一国与罗马之外的许多国家都曾缔结盟约互为保障，到了有敌国来犯的时候，并曾向这各国分头乞援，罗马人总是首先赴援，不让别的任何国家有这种荣誉。至于古人为了拥护一党一派或实质相同的政体而起的战争，我不懂那是有什么正当理由的：例如罗马人为了希腊的自由而战，斯巴达人和雅典人为了建立或倾覆民主政治和寡头政治而战，又如某一国的人，假借公道或人道的名义，来解除他一国中的专制与压迫，诸如此类。总之，凡是没有正当理由就立即动兵的国家是不会强大的。

不论是个人的身体或国家的团体，如不运动则其体不强。而对于一个王国或共和国，一个有理由、有荣耀的战争乃是一种真实的运动，这是无疑的。内战真有如患病发热，但是对外作战则有如运动发热，是可以保持身体健康的。因为在一种偷惰的和平中，民气将变为柔靡而民德将变为腐败。但是，不管为了幸福，还是为了国家的强大起见，国民大部分常常从事武备是很有利的。常在行动中的、久经战阵的军队的力量（虽然这种力量是代价很高的），正是使我在所有的邻国中能有发号施令之权（或者至少能有这种名誉）的工具。西班牙就是一个很明显的例子，西班牙在欧洲各处差不多长期驻有精兵，已经约有 120 年之久了。

一个国家若能成为海上的主人就等于已成了一个帝国。西塞罗致书阿蒂苦斯论庞拜对恺撒的军事准备时说道："庞拜所遵循的是一种真正的塞密斯陶立克斯式的策略：他以为那掌握海权的人，就是掌握一切的人。"无疑地，如果庞拜不因一时自大轻敌而舍舟从陆，他一定会使恺撒疲于奔命的。海战的重大影响是我们看得见的。埃克兴之战决定了罗马帝国的归属。勒盘陶之战制止了土耳其人的强横。海战为全部战争之最后决战者其例甚多。这种情形固然是君主或国家把一切都凭海战来决定的结果，然而这一点是确定的，就是握有海上霸权的一方是很自由的，在战争上它是可多可少，一随己意的。相反，那些陆军最强的国家却往往感受极大的困难。无疑地，在今日，我们欧洲的诸国中，海上的势力（这种势力是大不列颠的主要的天赋优点之一）是一种优势。一则因为欧洲的各国，大多数不是纯粹内陆的，而是国境的大部分临着海的；再则因为东西印度的财富的大部分似乎是唯有握着海上的霸权的人才能得到的。

与古代的战争所给予人的光辉荣耀相形之下，近代的战争简直是在黑暗中打的。为鼓励士气起见，现在也有些爵位勋章等等，然而这些东西是杂乱地颁发，无分军人或非军人的。此外，也许还有些楯上的铭语，伤兵病院，诸如此类的东西。但是在古时，那在战胜地点竖立的纪念碑，追悼的颂辞，以及纪念阵亡将士的碑坊，奖给个人的花冠，大元帅的名义，凯旋将帅的胜利游行，兵队复员时的重大犒赏，这都是能引起人的勇气的事物。但是，最重要的，莫过于罗马人的凯旋式，这种凯旋式并不仅是仪式或夸耀，而是一种极其聪明伟大的制度。因为它里面包含三样事情：在将帅方面是尊荣；在国库方面是由战利品而增进了财富；在军队方面是赏赐。不过那种尊荣也许是不适于君主国的，除非把它归之于君主本人或他的子嗣们，如后来的罗马皇帝们一样，他们把自己或子嗣曾经亲自参加的战役的凯旋式由自己或子嗣包办了，而在臣子得来的胜仗中，则仅对统兵将帅予以庆功的衣服和勋章。

总之，如《圣书》所说，谁也不能因为用了心思的缘故而对这个小结构——人体——加高一寸。但是在大结构如王国或共和国中，则为君主者或执政者可以使他们的国家增强。因为如果他们肯把我们上面论及的法令、宪章、习俗试行国内，则他们是可以给后世或继位者种下强大之因的。然而这些事通常不受人注意，一任其自己随时运而晦明。

论殖民地——如果迅速增长的利润能与殖民地的 利益相符，那应以此为限，不可多求

殖民地是古昔的、初民的、英雄的工作之一。当世界还在年少的时候，它生了许多的子女；但是它现在老了，所生的子女也就少了，因此，我们不妨说新的殖民地是旧有的国家的子女。我以为一个殖民地最好是在一片处女地上，也就是说，在那里，无须因为要培植新者而拔除旧者。否则就不算是殖民，倒成了灭民了。培植一个新国家有如造林：必须先打算好了预备折本二十年，到末了再获利。大多数的殖民

地之所以毁灭，其主要的原因就是在殖民事业之初年的卑污而且欲速的取利。当然，如果迅速增长的利润能与殖民地的利益相符，那自然是不可忽视的，但应以此为限，不可多求。

把本国人中的废物败类，以及作奸犯科之徒搜集起来作为移殖新土的人民乃是一件可耻而不祥的事。不但如此，这种办法还会破坏殖民地的秩序，因为这些人将永远过其败类的生活，不务正业而游惰作乱，消耗食粮，并且很快地就生厌倦，于是就会给故土写信败坏殖民地的名誉。用作移民的人民当是园丁、耕者、工人、铁匠、木匠、细木匠、渔夫、猎鸟者，以及少数的药剂师、外科医生、厨师、面包师。在欲殖民的国土中，首先要各处考察，看那个地方天然野生的有何食物，如栗子、胡桃、波罗蜜、橄榄、枣、李、樱桃、野蜂蜜之类，并且好好地利用这些东西。然后再看那个地方有什么食物可以迅速生长，在一年以内可以成熟者，如防风草、胡萝卜、芜菁、洋葱、莱菔、菊芋、玉蜀黍，等等。至于小麦、大麦、燕麦，它们需要的劳力太多，但是你却不妨先种点豌豆、大豆，一则因为它们所需的劳力较少，再则因为它们既可以制面包，也可以当菜吃。同理，稻米的收获是很大的，并且它也是一种的菜。至关重要的，应当在殖民之始带大量的饼干、燕麦粉、面粉等到殖民地去，直到在那里能得到面包为止。至于家畜家禽之类，主要地应当带那些不易生病而繁殖最快的去，如猪、山羊、雄鸡、雌鸡，火鸡、鹅、家鸽等。

殖民地食物的消耗，应当和一个被围的城里一样。就是说，每人应有规定的量。那作为园圃或麦田的土地，其最大的部分应当为输入公仓之用；所收的农产物应当先储藏在这些公仓里，然后按固定的数量分配。此外，还应当有些田地，可以让任何私人为自己而耕种。同样，也应当留心殖民地的土壤适于出产何种物品，好让这些物品可以在某方面稍为减轻殖民地的负担（只要，如以上所说，不因为时机未熟的缘故而为害于首要的事业就行了），如委吉尼亚的烟叶。在许多地方森林是只会多而不会少的，因此木材也可算是上述的物产之一。如果有铁矿的矿苗，并且还有河流，可以令人在河边上设起磨来的话，那么在森林多的地方，铁就是一种可贵的产物了。在气候适宜的地方，煮盐是应当试办的。类似，苧麻之类，如果有，也是一种可贵的物品。在富有松杉的地方，沥青和焦油是不会缺乏的。同样地，药材、香木这一类的东西，只要出得多，一定是可获大利的。其他可以发现的物品，也都是可以借之得利的。但是不可过于注重矿产，因为只依赖于矿产是很不可靠的，而且常使移民在别的方面变得懒惰。

至于统治之事，最好使一人掌权，而由若干议事官辅佐之，并且最好让他们有施行有限度的戒严法令之权。尤要者，让人们受益于居于荒野的心理，而心目中永远保持着敬上帝和为上帝服务的观念。殖民地的政府不可依靠过多的居留在母国的议事官和司长、委员之流，这些人的人数应该适中才好。而且这些人最好是贵族、绅士，而不是商人，因为商人总是只顾眼前之利的。直至殖民地根深蒂固以前，最好不要以关税来束缚它，不但要不受关税的束缚，还要使殖民地的人有把他们的物产运到可以获利最丰的地方去的自由——除非是有特殊理由应当防止这种情形。不要太快地一批又一批地送移民到殖民地去，以致有人满之患。反之，应该留意殖民地的人口之减少而按比例补充之，但是一定要使殖民地的人可以安居乐业，而不可使他们因为人数过多而陷于贫乏。

有些殖民地，因为建筑在海滨河岸，沮洳不良之地的缘故，其居民的健康曾大受危害。因此，虽然在起初你无妨在上述的那种地方建筑，以避运输上或其他方面的不便，但是此后为长久计，应当往河岸之上的高处建筑，而不可沿河建筑。殖民地的人应当存储多量的食盐以便于必要时腌藏食物，防止腐败，这也是与他们的健康有关的。如果你在有野蛮人的地方殖民，不要仅仅以不值钱的零碎物件或玩具得他们的欢心，应当以公道与恩惠待他们，而同时妥为防备；也不可帮助他们攻袭他们的敌人以取悦于他们，唯在他们受敌人攻击的时候帮他们自卫。此外还应当常常在他们之中选派若干送到殖民的本国去观光，好让他们可以看见比他们自己的生活情形好的生活情形，并且在回来的时候称扬这种情形。殖民地的力量增强之后，就可以不但移殖男子，妇女也可以去了。这样那殖民地就可以世代繁衍下去而不至于永远由外面补充了。在一个殖民地已经有进展的时候而弃绝之乃是世界上最大的罪恶，因为这不仅是一种耻辱，而且是一种残杀了许多可怜人的罪。

论野心——有野心的人，若升迁有路，
与其说是危险，不如说是忙碌

野心有如胆汁，它是一种令人积极、认真、敏速、好动的体液——假如它不受到阻止的话。但是假如它受了阻止，不能自由发展，它就要变为焦躁，从而成为恶毒的了。同理，有野心的人，如果他们觉得升迁有路，并且自己常在前进的话，他们与其说是危险，不如说是忙碌的。但是如果他们的欲望受了阻挠，他们就要变为心怀怨愤，看人看事都用一副凶眼。并且在主上的诸事受挫折的时候最为高兴。这在

一位帝王的或一个共和国的臣仆方面是最恶劣的品性。因此，为君主者，如果用有野心的人，须要调度得使他们常在前进而不后退，方为有益。这种办法有许多不便之处，因此最好不要用有这种天性的人。因为如果他们本身与他们所从事的职务不同时并进的话，他们定将设法使他们的职务与自己一同堕落的。可是，我们既已说过，最好是不用天性中有野心的人，除非不得已，那么我们就应该说一说，在什么样的情形中，这样的人是不得不用的。

在战争中必须要用良将，不管他们是如何地有野心。因为他们的功劳的用处是可以抵偿其他的一切的。用一个没有野心的军人是和解除他的刺马轮一样的。有野心的人还有一个大用处，就是为君王在危难或受嫉之中做屏障，因为没有人会愿意担任这种角色的，除非他像一只缝了眼的鸽子，它盲目地往高处飞，因为它看不见它的周围。有野心的人也可以用他们来拆毁任何有与君主争长之势的臣民的权势，如泰比瑞亚斯用马克罗以颠覆西亚努斯之事。有野心的人既然在类似的情形中是非用不可的，我们就还得说一说应当如何驾驭这些人，好让他们稍减其危险性。这样的人，假如是出身微贱，就比出身贵族的人危险性小；如果是天性暴厉，就比仁爱而得人心的人危险性小；若是新被擢升，就比一向有势，从而变为狡黠善防的人危险性小。有些人以为做帝王者若有了宠幸之臣便算是一种弱点，但是这种事可算是一切对付权势甚大而有野心的人的方法中最好的一种。因为当赏罚是出自宠臣的时候，除了这般人以外，不会有任何人权势过大的。还有一个制裁这种人的方法，就是用和他们一般骄傲的人与之对抗。但是如果用这种办法就必须有些中立的大臣，好使他们稳健。因为若没有压舱物，则船的颠簸将过于厉害。至少，一位做君王的也可以鼓励并造就几个微贱之人使他们成为有野心的人的一种对头。至于使有野心的人们常有覆灭之可能的办法，如果这些人是天性畏怯的人，那么这种办法也许是很能生效的。但是如果这些人是坚强有勇气的，那么这种办法也许会激进他们的图谋，反成为一种很危险的办法。至于要颠覆野心过盛的人，如果国事或王事需要这样做而又不能突然有所举动，恐有不测的时候，唯一的方法是不停地赏罚交施，使那些人不知道作何期望，如在林中一样。

说到各种的野心，其目的主要在大事上出风头的那种野心比那要事事显身手的野心为害较小。因为后者滋生混乱，扰害事务。然而使一个有野心的人忙于事务，比使他拥有广大的从众的危害要小的。那要在能干的人们之中出风头的人是给自己出难题做的，但是那总是对公众有利的。但是那图谋想在一切的零号中为唯一的数目字的人，则是一世人的毁灭者。崇尚高位，其中有三事；有为善的好机会；能接近帝王与要人；能提高一个人自己的富贵。一个人在希冀之中，若其居心是上述三种中最上的，那么他就是一个诚实的君子；而那能在有所希冀的人的心里看出他有这种居心的君王，乃是贤主。一般言之，帝王和共和国最好在选择大臣的时候，选用那些责任之感敏于升擢之感，为良心而努力工作而非为想要出名而努力工作的人们，还应当表现出勤奋的乐于服务的天性。

论宫剧与盛会——这些东西就应当有
优雅之美而无浪费之虚饰

与如上的各种严肃的论说相比，宫剧这一类的东西不过是玩意儿而已。然而，为君主者既然非要这些东西不可，那么这些东西就应当有优雅之美而无浪费之虚饰。依歌而舞是很有气概、很有乐趣的一种举动。我的意思是说，歌须要成队，队须要居于高处，并且要有弦乐伴奏；歌词也须适合剧情。连唱带做，尤其在对话之中，是极其优美的。不过我所说的是做戏而不是跳舞（因为那是一种卑下凡俗的举动），对话的声音也应当强健有丈夫气，歌词应当高雅悲壮而不应当过于细致绮丽。好几个歌咏队，位置安排于相对的地方，并且此停彼起地接着歌唱，如唱圣诗一般，是很能使人快乐的。变化跳舞使成各种的形式者乃是一种幼稚的玩意儿。一般言之，我这里所说的乃是为人所自然爱好的事物，而是不顾那些小巧的伎俩的，这是应请大家注意的。

剧景的变换，只要是做到安静无哗，确是很美而且很能引起兴趣的东西，因为这些变换是滋养眼目，使之免于长久注视一物之劳的。剧景应当明亮，染有特殊的而且多样的颜色。剧中的演员，或任何要从台上下来的人，最好在下来之前，先在台上做些动作，因为这种动作特别能吸引人的眼目，使它乐于盼望能看见适才未能看清楚的事物。歌声应当嘹亮欢畅而不应当啁啾断续。同样，音乐也应当准确响亮，并且安排得宜。在烛光之下显得最漂亮的颜色是白色、粉红色和一种海水绿。亮色的圆点与金属，既不甚费钱，也最为灿烂。至于富丽的刺绣，则在烛光之下是隐而不彰的。演员的服装应当优美，并且应当在演员摘下面具之后合乎他们的身材。这些服装还应当异乎常见的样式，当如土耳其装、军装、水手装之类。剧中的"反插"不应当太长，这些"反插"的题材向来多是关于傻子、羊怪、狒狒、野人、怪物、野兽、小鬼、巫婆、黑人、侏儒、小土耳其人、山泽之女神、乡下人、小爱神、偶像变活人等的。至于安琪儿们，若把他们放在"反插"里是不够滑稽的。在另一方面，凡是丑恶可恨的东西，如魔鬼、巨灵之类，也是不妥当的。但是主要地，要使这些"反插"剧中的音乐能够娱人而且有新奇的变化才好。在有水汽热气的人群中如果忽来几阵香风而不见任何水珠下坠的话，那是使人产生愉快新鲜之感的东西。双重的宫剧，一组男的，一组女的，能添加庄严与新颖。但是演奏的房屋如不保持干净整齐，则一切都是白费。至于比武竞勇的种种游戏，他们的光辉灿烂之处主要是在挑战者入场时所坐的战车上，尤其于这些战车是用奇兽牵曳的时候为然，如狮子、熊、骆驼之类。这种光辉也有仗着入场时的排场的，也有依靠服装之绚烂的。也有借他们的马匹的装饰及甲胄之鲜明的。但是关于这些玩物我们说得已经够了。

论党派——大智是如何善为
规划有关大众的事务

　　有许多人有一种不明智的意见，就是人君治国，要人治事，其政策之大要，在于照顾各党各派的利益与愿望。然而道理与此相反，大智体现在如何善为规划有关大众的、使人们虽有党派之别而不能不一致赞同的事务，否则就在如何与私人用适当的手腕进行交涉。但是我并不是说党派是可以忽视的。出身低贱的人，在他们往上升的过程中，是非有所依附不可的。但是贵显而本身有力量的人，最好是保持一种无偏无党的、中立的态度。然而对于初入仕途的人，虽不免有所依附，最好是依附得很温和，要使自己成为本党本派中最能惬他党他派之意者，如此他的升迁之路大概是最为顺利的。较为低微力小的党派是团结最坚的，我们常见有些坚强不挠的少数人使较为和缓的多数人折服了。党派之中的一党一派倒了的时候，那剩下的另一党或派就要自行分裂的。例如卢库拉斯和罗马参议会中的其他贵族的那一党（就是他们叫作"贵族党"的一派）曾与庞拜和恺撒相持一时，但是参议会的威权被打倒了之后，不久，恺撒和庞拜就分裂了。和布鲁塔斯与拉西亚斯反对的安东尼和奥克塔威亚努斯的那一党或派也曾一度团结起来，与敌人相持，但是布鲁塔斯和拉西亚斯颠覆之后不久，安东尼和奥克塔威亚努斯就分裂了。这些例子是属于战争方面的，但是在私人的党争之中也是一样的。因此，有许多次要的党员往往在本党分裂的时候成为主要的人物，但是他们也往往成为虚数而被弃置。因为许多人的力量是在斗争上的，一旦对手被消灭了，这些人也就没有用武之地了。

常见许多已遂所欲的人们与自己借以进身的本党的反对党联络一气：这些人以为那个党派是已经抓稳了的，而现在是收买一个新党的时候了。叛党的人常易于成功，因为当事件相持、久而不决的时候，要能得到一个人的力量就可以决胜负，而这个人也就把一切的感激酬报都窃取了。在两党之间守中立不一定永远是由于态度温和的缘故，有时也是出于自利，为的是好利用双方，以达自己的目的。在意大利，当教皇们嘴里常说"众人之父"这几个字的时候，人们对这些教皇总是有点怀疑，认为由此可以看出来他们有意在一切事上都以自己的家族的尊荣为前提。为帝王者必须小心，不可偏向一方，以致俨然变成某党某派的党徒。国内的党派总是于王权不利的，因为这些党派常向党员要求一种义务，这种义务简直和人民对君主所负的义务差不多，并使君主成为"我辈之一"，如法兰西的"神圣同盟"就是这样的。党派之争过高过烈的时候，就足见人君之软弱：这种情形对他们的威权和事业是不利的。在人君之下的党派的运转就应当如天文家所说的下级行星的运转一样，这些行星虽可以有自己的"私动"，然而仍应当安静地受第九重天的更高的动律的支配。

论进言与纳谏——信任莫过于接受诤言

信任莫过于接受诤言。因在其他类型的信托关系中，人们托付的往往只是其生活的一部分，如土地、财产、子女、信贷或某项具体事物。但对自己心中的诤友或谏官，从谏者则往往是以身家性命或江山社稷相托，所以进言者必须是忠义两全的。明智的君王不必以为求言从谏言有伤其龙颜或有损其君威。上帝若不倡从谏，就不会把"劝世者"这一称谓作为其圣子的诸多尊号之一。所罗门曾言道："从谏如流方可长治久安。"凡事都有其波动，只是或早或晚。若不任其颠簸于室议廷诤之中，它们就将颠簸于命运的波涛之上，而后一种颠簸犹如醉汉之蹒跚，说不定何时一个趔趄就摔跟头。正如所罗门深知从谏之必要，其子罗波安也领教了进言的力量，因那个上帝宠爱的王国当初就因为他听信狂言而南北分裂。作为后事之师，今人往往可凭这一事例明察两种偏辞谵语：一是乳臭小儿议人之妄说，二是张狂之徒议事之狂言。

古人早已用形象的故事阐明：君王与智慧本是一体，君王的智慧与之巧纳忠言也密不可分。故事之一讲众神之王朱庇特曾娶智慧女神墨提斯，其寓意是说君权总与智谋联姻。故事之二是之一的延续，讲墨提斯与朱庇特结婚后珠胎暗结，但朱庇特不容她分娩便将她吞食，于是神王自己身怀六甲，最后从他头颅里生出了全身披挂的帕拉斯女神，这段荒唐的故事中暗藏着一则君王治国的秘诀，即君王该如何利用朝议廷诤。他们首先应把欲决之事交顾问们讨论，这就好比最初结胎或曰孕，但当所议之事已在智囊之子宫中孕育成形的时候，君王切不可让策士谋臣继续行分娩之事，不可显得行此事非智囊莫属，而应当把所有事收回到自己手中，并让

世人觉得最后颁布的敕令谕示均出自君王本人（这些谕旨因
其深谋远虑和极富效力而可比那位全身披挂的智慧女神），
不仅出自君王的绝对权威，而且出自君王的足智多谋（如此
更能提高君王的声望）。

接下来且谈谏议的弊病和除弊之法。求言纳谏之弊病已
见者有三：其一是议事外传，于保密不利；其二是有损君
威，显得他们并非无所不知；其三是有佞臣进谗言的危险。
为除掉这三种弊端，意大利和法兰西的某些君主曾分别提倡
或实行过密室顾问会议，可这除弊之法比弊端本身更有
危害。

说到保密，君王无须把欲决之事告诉每一位顾问，而是
可以择善者而言之；何况征询该用何法者也无须言明他将用
何法。只是君王们勿让自己的秘密从自己口中走漏。至于密
室顾问会议，下面这句台词可谓一语道破天机，"我真是漏
洞百出"。因为只要有一个以饶舌为荣的白痴，其他人都懂
沉默是金也白搭。毋庸置疑，有些事需要高度保密，知者除
君王和两名亲信外不可再有他人。讲言者寡也并非不是好
事，因为除有利于保密外，其所陈意见往往都精神一致而无
分歧。不过在这种情形下，纳谏者须是既英明睿智又能独行

其是的君王，进言者亦须是足智多谋之辈，尤其是得忠于君王的宏旨。此例可见于英王亨利七世，他每行大事总是秘而不宣，最多只与莫顿和福克斯商议。

说到有损君威，前文讲那则神话的寓意时已讲明了弥补之道。而且与其说君王坐进议事厅会有损其威望，不如说会增加其尊严。再说，从不曾有哪位君王因与臣议事而丧失他独有的王权，除非有某位议臣羽毛过于丰满，或是有某些拉帮结派者组织过密。但此类情况都容易发现并不难制止。

说到最后一弊，即有人进言是抱着私心。须知"他在这世间将难觅忠信"之说无疑是就时代的风气而言，并非是就个人的天性而论。有些人天生就忠信两全、坦诚兼备，而非阴险狡诈、诡计多端。君王尤其要注意招纳这类忠义之士。另外，谏官议臣通常并非抱成一团，反之他们往往是互相戒备，所以若有人为党派利益或个人目的而进言，真相多半都会传进君王的耳朵。不过最好的除弊之法是：为君者当如议臣知其君王般知其议臣。盖"君王之大德在于知人善任"。而与之相反，进言者则不该过分探究君王的好恶。一名称职的议臣当通晓君王的事务，而非熟知君王的脾性，如此他方有可能直言进谏，而不会曲意逢迎。君王若能既私下求言又公开纳谏，其效益当会非常显著。因私下发表意见多直言不讳，公开提出规谏则多有顾忌。世人在私下里更勇于陈述。己见，在公开场合则更容易人云亦云，故君王最好是兼而听之；求言冗官小吏于密室，以促其所欲言，征询高官大员于公堂，以保其出言谨慎。

若君王只为用何法行事而广开言路，却不为用何人行事而集思广益，那么即便求言纳谏也终归枉然。盖因欲行之事乃无生命之计划，其实施执行之活力全在于用之得人。考虑人选的品格素质不可仅凭其等级地位，正如不可仅凭自己的模糊记忆或他人的精确描述，因大错之铸成或大智之显示都在于人之选择。有至言道死者乃最称职的谏官，因即便生者因畏罪而结舌，书本也会直言进谏，故为君者博览群书不无裨益，尤其当读那些曾经也是君王的人所写的书。

今人议事多如亲友集会，对所议之事往往议而不辩，结果议题轻而易举地就变成了议会的条例和法规。对重大问题的议论，最好是提前一天公布议题，待次日再付诸审议，俗话说："夜晚乃智谋的时辰。"英格兰、苏格兰合并事宜联合委员会就采用过这种做法，该委员会曾是个庄严而有序的立法机构。笔者赞赏议院为请愿安排出日期，这种安排使请愿者更清楚他们何时可来议院，同时也让各类会议有工夫讨论国事，从而使当务之急得到及时的处理。关于选任议会各临时委员会的人员，最好是选那些无偏无党的中立者，不应为造成一种均衡势态而选任对立双方的死党。笔者亦赞成建立一些常设性委员会，诸如负责贸易、金融、战争、诉讼和某些殖民地事务的委员会。因为既然有各种各样的议会特别会议，但却只有一个议会（和西班牙一样）那么这些特别会议实际上就等于是常设委员会，只是它们的权力更大些而已。应该由各常设委员会先听取各相应行业人士（如律师业、航海业和皇家铸币厂的人士）向议会的报告，然后在适当的时机再提交议会；勿让报告者成群结队而来，亦不容他们慷慨激昂地陈词，因为那不是在向议会报告，而是在胁迫议会。安排会议座次或沿长桌、方桌，或绕墙置位，这看上去似乎只是形式问题，但却有实质上的不同。因若在长桌旁开会，坐首端的少数人实际上会左右整个议程，而若以其他形式排座，那位次较低者的意见便会多被采纳。君王主持会议时须当心，切莫就其提供讨论的问题表明自己的倾向，不然与会者只会投其所好，结果他听到的将不是各抒己见，而是一曲"吾将愉悦吾主"。

论司法——为司法官者应当记住他们的
职权是解释法律而不是立法或建法

为司法官者应当记住他们的职权是 jusdicere 而不是 jusdare，是解释法律而不是立法或建法。否则，司法官之权将如罗马教会所争为己有的权一样了。罗马教会是假解释《圣经》之名，不惜加以添改，并且把《圣经》中找不出来的法则定为律条，宣之天下；伪造古貌，创立新法的。为法官者应当学问多于机智，尊严多于一般的欢心，谨慎超于自信。犹太律说："移界石者将受诅咒。"把界石挪动的人是有罪的。但是那不公的法官，在他对于田地产业错判误断的时候，他才是为首的移界石者。一次不公的判断比多次不平的举动的性质更为恶劣。因为这些不平的举动不过弄脏了水流，而不公的判断则把水源污染了。所以所罗门说："义人在恶人面前败诉好像浊浑之泉、弄浊之井。"司法官的职权与诉讼者、与辩护士、与属下的官吏、与自己以上的君主或国家都是有关系的。

第一，先说诉讼的双方。《圣经》上说："有的人把审判之举变为苦艾，"确实也有把审判之事变为酸醋的人，因为不公平的判断使审判之事变苦，而迟延不决则使之变酸。法官的主要职责是灭除暴力与诈骗。这二者之中，暴力在明目张胆地横行时恶毒较著，而诈骗则于秘密掩饰的时候特别险恶。二者之上可再加上好讼者的案件，这种案件是应该当作阻塞法庭的东西而被唾弃的。为法官者应当为公平的判断做一种准备，这种准备应当如同上帝对于他的路的准备一样，就是要填高溪谷，削平山陵。所以在诉讼中的任何一方，若有强力、暴虐、巧计、结徒、奥援、善辩的情形出现，在那个时候为法官者若能使不平者得其平，使他自己的判断以公平为基础，那就可见其才德了。"扭鼻子必出血"，而压榨葡萄汁的机器若是用力过猛，其所出的酒必是苦涩的，而且带着葡萄核的味儿。为法官者必须留神，不可深文周内，故入人罪；因为没有比法律的苦恼更恶劣的苦恼。尤其在刑法事件中，法官应当注意，毋使本意在于警戒的法律变为虐民之具。他们也应当注意，不可把《圣经》上所说的那种雨（"他要向他们降下网罗之雨"）带来，因为刑事法律行之过于严厉，即等于在人民身上降下网罗之雨。所以刑律之中若有久已不行或不适于当时者，贤明的法官就应当限制其施行："司法官的职责，不仅限于审察某案的事实，还要审察这种案件的时间及环境……"在有关人命的大案中，法官应当在法律的范围内以公平为念而毋忘慈悲；应当以严厉的眼光对事，而以悲悯的眼光对人。

第二，关于辩护士及法律顾问等。耐性及慎重听讼是司法官的职务之一，而一个哓哓多言的法官则不是一件和谐的乐器。一个法官把他在适当时期内可从律师听来的事情自己首先发现了，或者把见证或辩护人的话截断得过早以表示自己之敏察，或者用问题（即使是与案件有关的问题）把以后双方将要陈述的事实先引叙出来，这都不是什么能耐。法官在审理案件之中的职能有四个：审择证据；约束发言毋使过长、重复及泛滥无关；重述、选择，并对照已发言论；指示批判的准则。凡有超过这些职能的即是过多；而这种情形不是出自炫耀多言，就是出自不耐听讼，不然就是由于记忆力不佳，再不就是由于缺乏沉着、公平的注意力。辩护人滔滔善辩多能得法官的欢心，这种情形看起来是很奇怪的，为法官者应当效法上帝（上帝的座位是他们坐着的），而上帝是抑强暴而扶温良的。但是法官若有得宠的律师，那是更可怪的，这种情形是一定要引起苟且关说的嫌疑来的。在辩护人为某一方发言得宜，办理案件办得很得当的时候，为法官者对于该辩护士有一种责任，理当有称扬赞颂的话，尤其是那一边讼而不利的时候，因为如此可以使委托者对于辩护人信用不坠，而且使他那自以为是的意见受些挫折。同此，若逢辩护士有诡辩，重大的疏忽，证据过弱，迫求无度，或强词夺理的情形，则为法官者对于公众也有一种责任，理当给那个辩护士一种合理的斥责。为辩护士者也不可与法官舌剑唇枪，或者激动自己在法官宣判之后重提这件诉讼。但是，在另一方面，为法官者也不可迁就辩护人，或给他所代理的那一方一种口实，说他的辩论或证据未得上达。

第三，我们谈到吏役。律法所在之处乃是一种神圣的地方. 因此不但是法官的座席，就连那立足的台、听证的围栏都应当全无丑事贪污的嫌疑才好。因为，如《圣经》上说的："从荆棘之中是采不来葡萄来的。"在那些贪馋的吏役的荆棘丛中，公道也是不能结出美果来的。法庭的吏役是易受四种恶势力的影响的。第一是包揽诉讼，挑拨是非，使法德有充塞之患而国家受贫乏之累的人。第二种人是那些把法院卷入职权之争的人们。他们并非是"法院的朋友"，而是"法院的寄生虫"，因为他们把一个法院鼓动得茫然自大、超越限度，而为的却是自己的小利与益处。第三种恶势力就是可以叫作"法院的左手"的那些人，即是那些狡黠而多谋，能阻挠法院的正当程序，并把公理引入邪径与迷阵之中的人们。第四种就是那些收揽并敲诈费用的人们。通常，人们把法院比作矮树丛，一只羊在暴风雨中逃向其中以求安全的时候，总是免不了损失一部分羊毛的。有了上述的这一些人，就足以证明这个譬喻非常贴切了。在另一方面，一位多年的老吏，熟悉律例，做事审慎，通晓法院之事务，是法院的一个极好的助手，并且常常会给法官指引一条正确的道路。

第四，谈到关于主上与政府的方面。为法官者一定要记住罗马的十二铜标的结语："人民的幸福即是最高的法律。"

并且要明白法律若不以达到上述的这句话为目的，则不过是一种苛求人的东西，是未受灵感的谶语。因此，为人君者和执政者若常与司法官商议而司法者常与人君和执政者商议，则是一国之幸：前者就在法律于国家的政务有碍的时候；后者就在国家的政务于法律有碍的时候。因为往往因之兴讼的事件也许是私人事件，而这种事件的原理和影响则要涉及国是。所谓国是，不仅是有关王权的事，而且包括任何引起大变革或造成危险的先例者，或者是显然与大部分的人民有关的。再者，谁也不可糊里糊涂地相信公平的法律与真实的政策之间有任何的对立性。因为这两个好像精神与筋肉，是共同动作的。司法官们也应当记住，所罗门的王座是两边由狮子们守护着的：他们小心防范着不可阻挠或违反王权的任何企图。法官也不可不知道他们自己的正当权利而以为他们的职务并不包括这主要的一项，就是贤明地行法施法。因为他们也许记得圣徒保罗说的关于比他们的律法更高的一种律法的话："我们知道律法原是好的，只要人用得合宜。"

论兴亡——所有的新鲜事都不过是遗忘了的事而已

所罗门说："世上没有新的事物。"同此，柏拉图也有一种见解，以为"一切的知识都不过是回忆"。同此，所罗门又发表他的意见说："所有的新鲜事都不过是遗忘了的事而已。"由此可见利司河不但在地下流，在地上面也流。有一位玄妙的星命学家说："要不是有两件东西是固定的（一件就是天上的恒星是永远居于固定的距离，永不走近，也永不走远的；另一件就是诸天绕地的每日转动是永远守着一定的时刻的），世上就没有一件东西会支持一刻之久的。"凡物都是在不停地变化之中，永无停歇，这是的的确确的。那掩埋一切的大殓衣有两种：洪水与地震。至于大火与大旱，它们是并不能完全消灭人群或物类的。费唐的车不过跑了一天。还有那以利亚时代的三年之旱也不过是限于一域，而未能全灭人民的。至于那西印度常有的天火，它们也是范围甚狭的。但是在别的那两种毁灭——由于洪水和地震的——中，还有可注意者就是那幸而得救的遗民多是无知识的山居之民，他们是不能关于以往有任何报告的；所以许多人或事都湮灭遗忘，那种情形就和一个人也没留下是一样的。如果你对于西印度的人民详加研究，大概他们是一种比旧世界中的民族较新较幼的民族。而以前在该地曾有的毁灭大概也不是由于地震（如埃及僧侣关于阿提阑提斯岛告诉索伦的话，说该岛是在地震中被海吞下去的）而是被一种当地的洪水所灭的。因为地震在那些区域中是不常见的。但是，在另一方面，他们却有倾泻的大河，大得使亚、非、欧三洲的河流与之比较起来简直有如小溪。还有他们的安第斯山也比我们的山高得多，由此大约可想见有一部分人类是在洪水中得免的。至于马基亚委利的评语，说是宗教派别的互嫉是古事被人遗忘的大原因之一，并诽谤格瑞高瑞一世，说他曾尽力毁灭一切异教的古昔文物，关于这个我却不曾发现这种的狂热能产生什么大效果或者能延续多久。例如萨比尼安之继承一样，他登位之后，就又恢复古代文物了。

诸天界的变易不是本文所应讨论的。如果这个世界能延长到那么久的话，柏拉图的"大年"也许会生效，这种功效不在乎把人们个个都使之返魂复生（因为这种说法不过是某种人的妄想，这些人是以为天体于人间的这些事情上有比实际更细密的影响的）而在乎使世界大体重新。同此，彗星对于事物之大体的确是有力量有影响的；但是一般对于彗星，多不过是仰而望之，并注视他们的行程，而不善于观察他们的影响；尤其是不善于观察他们的分门别类的影响，就是什么样的彗星，大小如何，颜色如何，光芒的方向如何，在天空中的位置如何，出现的期间如何，发生什么样的影响。

曾经听见过一种无甚重要的说法，这种说法我不愿人们遽尔弃置，而愿意人们对之稍加注意。据说在荷兰国（我不知道是荷兰的那一部分）有一种说法，说是每经三十五年，则同样地，同次序的年成和天气又要重来；如严霜、大潦、大旱、暖冬、凉夏一类的事情皆是；他们把这种情形叫作

"复始"。这个说法是我愿意提及的，因为我曾经追数以往若干年间的情形而发现有与这个说法相符之处也。

我们现在且离开这些关于自然的事，而谈人事。人事中变易最大者无过于宗教派别之兴衰升沉。因为宗教派别，有如轨道之于行星一样是最能支配人心的。唯一真正的宗教是"建筑在磐石上的"；其余的则是飘浮在时间之波涛上的。所以现在且说新宗教兴起的原因，并对于这一点贡献点意见；不过个人的薄弱的见识能够延缓或阻挠这种重大的变更到什么程度，这个程度就是我所要贡献的意见的限度。

当那曾受一般人信仰的旧宗教为党派门户之争所破裂，当那个宗教的主持者德行堕落，丑事甚多，而其时代又是愚鲁无知而且野蛮的时候，若再有夸张诡异之人起而倡导，那么你就可以预料有一种新的教派要崛起了。穆罕默德宣布他的律法的时代，正是一个具备上述诸点的时代。如果一个新教派没有两样特性，你就不必怕它，因为它是不会传播的。这两种特性之一就是，颠覆、代替，或反抗固有的威权；因为再没有比这种事更受一般人的欢迎的了。其二，就是许人寻欢取乐，贪淫纵欲。因为，那些在理论上标新立异的邪说（例如古时的埃瑞安派和现在的阿米尼安派），虽然他们对于

人的心智有很大的影响，然而他们对于国家却不能产生什么
大的变革，除非他们借助于政治上的扰乱。新教派的树立，
其方式有三：或以异兆奇迹的力量；或以演讲劝诱之善辩与
聪明；或以兵力。至于殉教的行为，我把它列入奇迹之内，
因为这些行为好像是超乎人类天性的力量的；对于特优至
美，值得惊羡的圣洁生活，我也可以把它列入奇迹之内。若
要阻止新教派的兴起，确实再没有比如下的方策更好的办法
了：就是，改良弊端，调和小的意见分歧，对新教派中人处
之以宽而不用流血的压迫；并且用奖励擢升的办法把主要的
首领收服过来，而不以暴力酷虐激怒他们。

军事中的变化升沉是很多的，但是主要的变易是在三种
事情上的，在战争的地点或"舞台"上，在兵器上，在指挥
作战的策略方式上。在古时战事似乎总是由东至西的，因为
波斯人、亚述人、阿拉伯人、鞑靼人（这些都是侵略者）都
是东方人。高尔人是西方人。这是真的，但是我们所读到的
他们的侵略只有两次：一次是到盖莱西亚，一次是到罗马。
但是东方和西方并不是固定的地点，而战争的方向，我们也
不能确定为自东至西或是自西至东。但是南与北是固定的；
并且远处南方的人来侵北方的人，这种事即非从来未有，也

是很少见的。事实是与此相反。由此可见世界的北部是天然好战的区域；不论那是由于北半球的星宿，或者由于北半球的大陆——南部就现在所知差不多全是海洋——或者（这是最显而易见的）由于北方气候的寒冷，这种气候就是不假训练而能使人体力顽强，血气旺盛的。

一个巨大的国家或帝国分裂或颠危的时候，你就可以确知将有战事。因为庞大的帝国们在他们盛的时候，是把他们所征服的土人的力量削弱或消灭而以自己的保卫力为倚仗的；到了他们败亡的时候，一切就都颠覆了，而他们也就成为鱼肉。罗马帝国的情形就是如此；日耳曼帝国在查理大帝崩后也是如此——每只鸟雀各争一羽；西班牙到衰败的时候大概也会遇到这样的情形的。类似，大国之获得和合并也是引起战争的：因为，一个国家发达到过强的时候，它就和洪水一样，一定要泛滥的。如罗马、土耳其、西班牙，皆可为鉴。观察世界的情形，当野蛮民族最少，而且所有的蛮族都是除非确有可以为生之道则多不肯结婚或生育的时候（如今日差不多世界各处的情形皆是如此，鞑靼国除外），就没有人口充斥横流的危险。但是若有多数继续繁殖而不预筹生产自养之道的民族，那么在每一两代中这些民族必有一次要把本族的人口移殖到别的国家去。这种事情古代北方的民族是常用抽签的办法决定的：他们抽签决定那一部分人应当留住本土，那一部分应当出外谋生。当一个本来好战的国家变为柔靡的时候，就一定会有人向之作战。因为这样的国家到了这种衰颓的时候多是变得很富的，如此，一方面这个国家的财富奖诱别国与之作战，而另一方面其武力之衰颓也鼓励战争了。

至于兵器，那几乎是不能有所定论的，然而我们也可以看到他们是有时代有变易的。因为在印度的奥克西掇克斯城早就有了大炮，这是的确的，这种大炮就是马其顿人所称为雷电与魔法的。并且中国人知用大炮已过二千年之久，这也是人所共知的。关于兵器的性质与改进可言者如下：第一，要能及远，这样就可以减少危险，这由大炮和毛瑟枪就可以看出来。第二，打击的力量要大，在这方面枪炮的力量又比一切的攻城器和古代的发明为大。第三，用起来要灵便，例如，要在任何天气中都可以用，搬运轻便，等等。

至于作战的方略，起初人们是过于倚仗兵数，以多取胜；并且主要是靠着武力与勇猛的；他们预先约定扎营驻阵的地点，于平等的情形下决胜负；他们对于列营布阵是很不懂的。后来他们就变得多倚仗精兵而不纯粹以多取胜；他们渐渐地懂得占地利，用巧计诱敌一类的事，并且在分配兵力的事情上也更巧了。

在一个国家的少年时代，武事是最盛的；在它的壮年时代，学术是发达的；然后有一个时代武事与学术同时发达；在一个国家衰颓的时代，工艺与商业是发达的。学术也有儿童时代，那时它是萌芽而且一般是幼稚的；然后是它的少年时代，那时它是蓬蓬勃勃而有少年气的；然后是它的壮年时代，那时它是坚实有节的；最后是老年时代，它就变成干枯销竭的了。但是对于这些变易的转轮看得太久是不好的，恐怕我们的头也要晕了。至于关乎这些事的记载，那不过是一套循环的故事，所以是不适于在本文中论及的。